Norbert Jorek

Leben im Naturgarten

Der Biogärtner und seine gesunde Umwelt

FALKEN VERLAG

Fotos Seite 2: Aussagekräftiger als viele Worte: Verbundenheit mit der Natur wird durch sterilen Beton und kahles Pflaster ersetzt.

CIP-Kurztitelaufnahme der Deutschen Bibliothek

Jorek, Norbert:
Leben im Naturgarten : d. Bio-Gärtner u. seine gesunde Umwelt / Norbert Jorek. – Niedernhausen/Ts. : Falken-Verlag, 1982.
ISBN 3-8068-4124-1

ISBN 3 8068 4124 1

© 1982 by Falken-Verlag GmbH,
6272 Niedernhausen/Ts.
Titelbild: Bio-Info / Saerbeck
Fotos: Bio-Info / Saerbeck

Die Ratschläge in diesem Buch sind von Autor und Verlag sorgfältig erwogen und geprüft, dennoch kann eine Garantie nicht übernommen werden. Eine Haftung des Autors bzw. des Verlages und seiner Beauftragten für Personen-, Sach- und Vermögensschäden ist ausgeschlossen.

Satz: LibroSatz, Kriftel
Druck: Offset-Team Zumbrink, Bad Salzuflen

817 2635 4453 6271

Inhalt

Einleitung

Briefmarken und Natur haben eines gemeinsam: Je seltener sie sind, desto kostbarer und begehrter werden sie.

Bei Briefmarken ist das schon lange klar. Den Wert der Natur beginnt man erst jetzt richtig zu begreifen – jetzt, wo es fast zu spät ist.

Etwa 3000 verschiedene Tier- und Pflanzenarten stehen auf den berüchtigten Roten Listen für bedrohte Tiere und Pflanzen. Der Grund dafür liegt in der fortschreitenden Zerstörung des Lebensraumes, in der direkten und indirekten Vernichtung durch gefährliche Schädlingsbekämpfungsmittel. Die Fläche aller Gärten und Grünanlagen in Deutschland ist deutlich größer als die Fläche aller Naturschutzgebiete zusammen. Warum sollte es nicht möglich sein, bedrohte Natur auch in den hausnahen Gärten zu erhalten?

Ermutigende Schritte sind in diese Richtung unternommen worden. Sie sind im Zusammenhang mit einer Entwicklung zu sehen, die weite Bereiche des Gartenbaues in den letzten Jahren stark beeinflußt hat. Es geht um die biologische Methode des Gartenbaues. Dabei wird auf giftige Schädlingsbekämpfungsmittel und schädlichen Kunstdünger verzichtet. Allen Unkenrufen zum Trotz hat dieser Verzicht nicht zu schlechteren Ernten, zu Mehrarbeit und Qualitätsverlusten geführt.

Ganz im Gegenteil: Der biologische Garten ist weniger arbeitsaufwendig, denn er befindet sich weitgehend in einem Gleichgewicht. Die Qualität der Ernten ist objektiv besser. Der Geschmack ist besser, die Lagerzeiten können zum Teil erheblich ausgedehnt werden.

Der biologische Gartenbau ist die intelligentere Methode. Dabei schuftet nicht der Gärtner im Schweiße seines Angesichtes, sondern er läßt arbeiten. Seine Helfer sind die zahlreichen Bodenorganismen sowie die Tier- und Pflanzenwelt des benachbarten Naturgartens. Es ist ein Unterschied wie zwischen Judo und Boxen. Der Chemie-Gärtner ist der Boxer, der mit brutaler Gewalt und eigener Kraft arbeitet. Der biologische Gärtner ist eher wie ein Judokämpfer, der andere Kräfte, die der Natur, für seine Zwecke umleitet.

Die biologische Methode ist allerdings nicht so kompliziert, daß sie nicht jeder lernen könnte. Die wichtigsten Grundkenntnisse, die unsere Vorfahren zusammengetragen haben und die durch biologische Forschungen ergänzt wurden, habe ich in diesem Buch zusammengestellt. Es wurde für diejenigen geschrieben, für die der biologische Gartenbau und der Naturgarten ein attraktives Neuland ist.

Ich hoffe, daß Sie möglichst viel von diesen praxisnahen Vorschlägen in Ihrem Garten verwirklichen können.

Saerbeck, im Januar 1982   Norbert Jorek
                                  Biologe

Kulturlandschaft mit bewegter Vergangenheit

Als Cäsar vor rund zweitausend Jahren mit seinen Soldaten nach Germanien vordrang, muß ihn tiefe Enttäuschung überfallen haben. Außer einigen vereinzelten kleinen Dörfern bestand dieses Land nur aus undurchdringlichen Wäldern und unberechenbaren Sümpfen.

Im Laufe der nächsten Jahrhunderte änderte sich dieses Bild. Die Siedlungen dehnten sich aus, neue wurden gegründet. Jedesmal wurde ein Teil des Waldes gerodet, um Platz für Häuser und Ackerland zu schaffen. Die Felder und Weiden wurden mit natürlichen Begrenzungen umgeben. Steinmauern und dichte Hecken bestimmten lange das Bild der Kulturlandschaften. Neben zahlreichen Feldgehölzen gab es auch eine große Zahl von Kleingewässern, die die Bauern zur Versorgung des Viehs angelegt hatten.

Mit der weiteren Zunahme der Bevölkerung änderte sich das Gesicht der Landschaft. Immer mehr Wälder wurden gerodet, immer mehr Ackerflächen verwandelten sich in unfruchtbares, wüstenähnliches Heideland.

Schon vor mehreren Jahrhunderten wurde daher ein Gesetz gegen die Waldverwüstung erlassen und eine konsequente Wiederaufforstung betrieben. Dies ist einer der Gründe, weshalb Deutschland heute viel waldreicher ist als im Mittelalter.

So positiv diese Entwicklung im Bereich der Waldflächen ist, so negativ ist sie bei den landwirtschaftlich genutzten Flächen.

In immer stärkerem Umfang wurde menschliche Arbeit durch die Kraft der Maschinen ersetzt. Die Konsequenzen waren klar und werden sich in einigen Jahren noch viel deutlicher zeigen: Alles, was den Einsatz der Maschinen behindert, wird aus der Landschaft entfernt. Tümpel müssen weichen, weil die teuren Maschinen sonst einen Bogen fahren müssen, was einige Sekunden Zeit kostet – und Zeit ist Geld geworden, auch in der Landwirtschaft.

Die ursprüngliche Vielfalt wurde durch eine maschinengerechte, gleichförmige Agrarsteppe ersetzt.

Aus einer vielfältigen Kulturlandschaft wird eine kahle, mit Giften totgespritzte Steppe.

Lebensraumzerstörung – tödlich für Tiere und Pflanzen

Tiere und Pflanzen bilden mit ihrem Lebensraum eine untrennbare Einheit. Wird der Lebensraum verändert, so sterben die Pflanzen, und die Tiere wandern ab. Es müssen längst nicht immer dramatische, augenfällige Veränderungen sein, die zu einer Zerstörung des Lebensraumes führen. Das aus zahllosen Kaminen ausgestoßene Schwefeldioxyd beispielsweise kehrt als saurer, schwefelsäurehaltiger Regen wieder auf die Erde zurück. In Skandinavien sind bereits Tausende von Seen völlig fischleer, ohne daß äußerlich überhaupt eine Änderung zu bemerken wäre. Auch bei uns sterben an der Säure inzwischen die ersten Wälder. Diese Entwicklung wird sicherlich verstärkt weitergehen.

In den meisten Fällen jedoch ist das Ergebnis der Lebensraumzerstörung unübersehbar: Gerodete Hecken, zugeschüttete Kleingewässer, abgeholzte Feldgehölze, kanalisierte Flüsse und Bäche sowie zubetonierte Seeufer.

Solange dies vereinzelt geschah, konnte die Natur es verkraften. Die vielfältige Tier- und Pflanzenwelt wurde zwar an dieser Stelle geschädigt, konnte jedoch an anderer Stelle weiterleben. Inzwischen ist die Zerstörung jedoch so weit fortgeschritten, daß auch diese »anderen Stellen« überwiegend vernichtet sind. Etwa dreitausend verschiedene Tier- und Pflanzenarten, wahrscheinlich sind es noch sehr viel mehr, sind vom Aussterben bedroht. Ihre Zahl ist so stark dezimiert worden, daß bei vielen Arten bezweifelt werden muß, ob sie in zehn oder zwanzig Jahren überhaupt noch leben.

Vorprogrammiertes Schicksal: Bald hat die qualmende Müllkippe das Kleingewässer erstickt.

Naturschutz – was ist zu tun?

In der Vergangenheit hat sich der Naturschutz weitgehend darauf beschränkt, besonders schützenswerte Lebensräume für Tiere und Pflanzen zu sichern. Etwa 1300 Naturschutzgebiete entstanden in Deutschland, deren Fläche jedoch viel zu gering ist, um die ständig steigenden Verluste ausgleichen zu können.

Seit einigen Jahren versucht daher der Naturschutz, einen neuen Weg zu gehen. Es sollen nicht mehr nur vorhandene, schutzwürdige Gebiete erhalten, sondern auch gezielt neue Rückzugsgebiete für bedrohte Tier- und Pflanzenarten geschaffen werden. Eine solche Neuschaffung von Naturschutzgebieten ist selbstverständlich nicht in allen Fällen möglich. Hochmoore, die Jahrtausende für ihr Wachstum brauchen, können selbstverständlich nicht innerhalb weniger Jahre an anderer Stelle neu aufgebaut werden. Dennoch kann man mit dieser neuen Grundeinstellung des Naturschutzes wirksame Hilfe leisten. Bereits heute leben viele Tiere und Pflanzen in solchen Lebensräumen aus zweiter Hand.

Dies ist nicht neu, das war schon immer so. Als die germanischen Bauern vor ein paar tausend Jahren die erste Viehtränke aushoben, da wurde diese gleichzeitig zum Lebensraum für Frösche, Molche und andere Wassertiere, die es damals noch in großer Zahl gab. Die natürlichen Lebensräume

Eine Bio-Insel in einer zerstörten Landschaft! Letztes Rückzugsgebiet für viele Wassertiere.

Naturgärten – die letzte Rettung des Naturschutzes

Und wenn die Naturschutzbehörden noch zehnmal schneller arbeiten würden: Andere Behörden, die die Natur zerstören oder die Zerstörung genehmigen, wären dann immer noch schneller. Von Vater Staat ist daher keine wirksame Hilfe zu erwarten. Es werden zwar Jahr für Jahr mehr Naturschutzgebiete ausgewiesen, dennoch gehen immer mehr schutzwürdige Gebiete verloren. Der Naturschutz wird diesen Wettlauf gegen die Zeit verlieren!

Eines der größten Probleme ist, daß die Gebiete zu weit voneinander entfernt sind. Dadurch wird es für Tiere und Pflanzen praktisch unmöglich, miteinander in Kontakt zu treten. Ein solcher Kontakt ist notwendig, um eine Schädigung der Tiere und Pflanzen durch Inzucht zu verhindern. Wenn jedoch das nächste Kleingewässer zwanzig Kilometer entfernt ist und ein Frosch, bevor er dorthin gelangt, mehrere Bundesstraßen und eine Autobahn überqueren muß, so ist seine Chance, dort auch anzukommen, praktisch gleich Null.

Was für die Kleingewässer zutrifft, gilt in gleicher Weise auch für andere Lebensräume. Wenn die Entfernung zwischen ihnen zu groß wird, geraten die Lebewesen in eine langfristig tödliche Isolation.

Wir haben ausgerechnet, daß die durchschnittliche Entfernung zwischen gleichartigen Naturschutzgebieten in Deutschland etwa zweihundertfünfzig Kilometer beträgt. Dazwischen liegen zwar meist auch noch einige ähnliche Gebiete, die jedoch nicht unter Naturschutz stehen. Ihr Verschwinden muß innerhalb der nächsten Jahre befürchtet werden.

Kein Politiker, keine Behörde konnte bislang garantieren, daß ein lebensfähiges Netz von Schutz-

dieser Amphibien wurden im Laufe der Jahrhunderte weitgehend zerstört. Den Amphibien hat das praktisch nicht geschadet, denn wo ein natürlicher Waldtümpel zerstört wurde, da entstand bald ein Feuerlöschteich oder eine Viehtränke. Der Bestand konnte sich insgesamt halten – bis etwa in die Mitte unseres Jahrhunderts.

Zu diesem Zeitpunkt begannen großräumige Entwässerungsmaßnahmen. Das Vieh wird unter unwürdigen Bedingungen zu großen Massen in Ställe gepfercht und sieht das Tageslicht erstmals auf dem Weg zum Schlachthaus. Viehtränken auf der Weide wurden überflüssig, sie wurden zugeschüttet. Wo früher 1000 Kleingewässer dicht benachbart in der Landschaft lagen, wurden in den letzten Jahren 900 und mehr zerstört.

gebieten erhalten bleibt. So wie in anderen Staaten kann auch bei uns nur noch Privatinitiative helfen.

Dazu kann jeder mit eigenem Garten einen wichtigen Beitrag leisten. Natürlich wird man dort keine aussterbenden Seeadler und Fischotter ansiedeln können. Man kann jedoch zu einer größeren Vielfalt in der Landschaft beitragen. Ein vielfältig gestalteter Naturgarten wirkt in der oft lebensfeindlichen Umgebung wie eine biologische Insel, auf der sich bedrohte Tiere und Pflanzen halten und neu entfalten können.

Machen sie aus ihrem Garten eine solche Bio-Insel.

Vielfalt – das Grundprinzip in der Natur

Ob man es abfällig Unordnung nennt oder etwas liebevoller mit Vielfalt bezeichnet, das Prinzip ist das gleiche:

Unterschiedliche Dinge sind nicht säuberlich sortiert, sondern bunt gemischt. Und was unterscheidet Unordnung von der Vielfalt?

Unordnung herrscht am Arbeitsplatz oder am Schreibtisch, wenn man seine Zeit mit Suchen vergeudet. Von Unordnung spricht also derjenige, der etwas sucht, es jedoch unter vielen ähnlichen Dingen nicht findet!

Ähnlich geht es einem Kohlweißling, der auf der Suche nach einer Kohlpflanze durch die Landschaft fliegt. Auch der Schmetterling hätte es am liebsten ordentlich. Sein Traum sind Kohlfelder, die von einem Horizont zum anderen reichen. Doch diesen Wunsch erfüllt ihm die Natur freiwillig nie. Denn gleichzeitig sind auch noch andere Tiere auf der Suche nach den jeweils von ihnen bevorzugten Pflanzen. Nur durch Vielfalt wird in der Natur verhindert, daß sich eine Art auf Kosten der anderen ausbreiten kann. Die bunte Blumenwiese, der vielfältige Wegrain, die unterschiedlich alten Bäume in einem naturbelassenen Wald, all dies dient nur dem einen Zweck:

Alle Lebewesen in der Natur sollen zu ihrem Recht kommen. Dieses Ziel ist nur dann zu erreichen, wenn auch auf engstem Raum unterschiedliche Lebensbedingungen geschaffen werden.

Das Prinzip Vielfalt ist überall in der Natur zu beobachten. Auf einem Kahlschlag wird sich niemals nur eine Pflanze ansiedeln. Bestimmte Arten können zwar aufgrund raschen Wachstums kurzfristig die Oberhand gewinnen, werden dann jedoch rasch wieder zurückgedrängt.

Die kulturgeschichtliche Entwicklung der Landschaft kann man auch unter dem Gesichtspunkt der Vielfältigkeit sehen. Die ursprünglich dichten Wälder und großflächigen Moore waren sicherlich beeindruckende Lebensräume. Ihre Vielfalt war jedoch nicht so groß, wie die Landschaft, die in der Anfangszeit der Besiedlung entstanden ist. Wo früher große Waldflächen waren, gab es zu dem Zeitpunkt ein buntes Mosaik von Wiesen, Äckern, Feldgehölzen, Hecken, Tümpeln, Wegrainen und vielen kleinen, speziellen Lebensräumen, die in einem gleichförmigen Wald niemals entstehen würden. Viele Tierarten sind erst in dieser Zeit nach Deutschland eingewandert.

Im Laufe der Jahrhunderte hat die Vielfalt in der Natur wieder stark abgenommen. Besonders seit Einführung industrialisierter landwirtschaftlicher Methoden sind die Verluste für den Naturhaushalt nicht mehr zu verkraften. Alle vier bis fünf Tage stirbt zur Zeit eine Tier- oder Pflanzenart in der Bundesrepublik Deutschland aus.

Die Natur in Haus und Garten

Vielfalt – das Prinzip für den biologischen Garten

In immer stärkerem Maße ist in den letzten Jahrzehnten versucht worden, die fast schon industriellen Anbaumethoden der Landwirtschaft auch auf den Garten zu übertragen. Aus den ursprünglich sehr vielfältigen Bauerngärten wurden einförmige Beete, die jeweils nur mit einer bestimmten Nutzpflanzenart bestellt wurden. Die Konsequenzen ließen nicht lange auf sich warten: Nachlassende Bodenfruchtbarkeit und erhöhter Schädlingsbefall schafften neue Probleme. Die vermeintlichen Patentrezepte bestehen im verstärkten Einsatz wasserlöslicher Kunstdünger und hochgiftiger Schädlingsbekämpfungsmittel.

Jedes Verfahren für sich ist bereits in der Lage, das Bodenleben so weit zu vernichten, daß der Gärtner in eine völlige Abhängigkeit zu diesen Giftstoffen gerät. Entweder setzt er sie ein, oder der Ernteertrag geht stark zurück.

Eine Verbesserung der Situation ergibt sich nur dann, wenn es dem Gärtner gelingt, aus diesem Kreislauf auszubrechen. Die Lösung für ihn ist eine intensive Förderung des Bodenlebens sowie eine Mischkultur, die auf die Lebensansprüche der Pflanzen Rücksicht nimmt.

Neben diesem biologisch bewirtschafteten Nutzgarten, bleibt jedoch fast immer noch Platz für einen reinen Naturgarten. Dort schafft man die Vielfalt, die in der ausgeräumten Landschaft fehlt. Es werden also nicht irgendwelche Züchtungen und exotischen Arten angesiedelt, sondern einheimische Pflanzen, die gefährdeten einheimischen Tierarten eine Lebensmöglichkeit bieten. Der Garten ist dadurch nicht mehr ein künstliches Gebilde, sondern ein organischer Teil der Natur.

Selbstverständlich sollte man auch das Haus in die Naturplanung einbeziehen. Auch am Haus, ja sogar innerhalb des Hauses, kann man Natur ansiedeln. Es gibt zahlreiche überzeugende Beispiele, wie auch mitten in Städten bedrohte Tierarten immer wieder die Nähe des Menschen aufsuchen, wenn ihnen dort geeignete Lebensmöglichkeiten geboten werden.

Viele dieser Hilfestellungen für die bedrohte Natur sind sehr einfach durchzuführen und erfordern nur einen geringen Aufwand. Hinzu kommt, daß sie meist nur sehr wenig Platz benötigen und schon aus diesem Grunde fast überall leicht in die Praxis umgesetzt werden können.

Das Haus – Lebensraum für Tiere und Pflanzen

Solange der Mensch Häuser baut, lebt er darin nicht allein. Es geht hier nicht um Ratten, Kellerasseln und sonstige ungebetene Untermieter, sondern um die angenehme Seite der Wohngemeinschaft von Tieren und Menschen.

Konstruieren wir ein ökologisches Traumhaus: Das Mauerwerk ist kaum zu sehen. Die Wände sind mit Efeu, wildem Wein und anderen Kletterpflanzen überwuchert. Die Giebelfenster auf beiden Seiten des Hauses stehen offen. Auf der einen Seite fliegt nachts die Schleiereule ein und aus, um ihren hungrigen Nachwuchs mit Mäusen zu versorgen. Auf der anderen Giebelseite des Hauses lebt der Turmfalke, der die gleiche Arbeit tagsüber verrichtet. Unter der Dachverkleidung und im Dachstuhl selbst hängen kleine, beutelförmige Gebilde herab. Es sind Fledermäuse, die während des Tages hier schlafen und mit der Dämmerung auf Beutefang gehen.

Unter einer hochstehenden Dachpfanne hat sich ein Mauersegler eingenistet. Nicht weit von ihm entfernt haben Mehlschwalben ihre Nester unter das hervorstehende Dach geklebt, die mit ihr verwandten Rauchschwalben brüten im Schuppen nebenan. In der dichten Efeuberankung brüten die unterschiedlichsten Vögel. In einer kleinen Mauernische hat das Hausrotschwänzchen sein Nest gebaut, auf der anderen Seite des Hauses hat der Grauschnäpper einen ähnlichen Platz gewählt.

Hoch oben auf dem Schornstein klappert der Storch.

Ein solches Traumhaus wird es wohl nirgendwo in Deutschland geben. Es gibt jedoch viele Häuser, die diesem Ideal sehr nahe kommen. Voraussetzung dafür ist, daß man die Lebensbedingungen der Tiere und Pflanzen kennt, um gezielte Hilfsmaßnahmen einleiten zu können. Dazu folgende Tips für die Praxis:

Der Efeu

Diese Kletterpflanze können Sie überall in unseren Wäldern finden. Oft rankt sie bis in die höchsten

Die Schleiereule gehört zu den Vögeln, die sich besonders eng an den Menschen angeschlossen haben. Während der Brutzeit war früher ihr Schnarchen häufig auf Scheunenböden und in Kirchtürmen zu hören. Durch das Verschließen der Einflugöffnungen und hohe Verkehrs- und Winterverluste hat der Bestand stark gelitten.

*Der Efeu bietet sich als immergrüner »Mantel« für Wände,
aber auch Bäume an.*

ranken lassen. Er entzieht ihnen keine Nährstoffe und erwürgt sie nicht. Der natürliche Standort für den Efeu wäre zwar auf der Schattenseite des Hauses, oder zumindest im Halbschatten. Er hält sich jedoch auch auf der Sonnenseite, wenn der Boden regelmäßig feucht gehalten wird. Die unscheinbaren, grünen Blüten treten erst bei älteren Pflanzen auf. Die Früchte sollten nicht gegessen werden.

Am einfachsten besorgen Sie sich Efeu aus einem nahegelegenen Wald. Im Handel sind auch ausländische Arten erhältlich.

Das Geißblatt

Die auch Heckenkirsche genannte Pflanze ist besonders in feuchten Wäldern häufiger zu finden. Sie rankt meist an kleineren Bäumen oder Büschen und erreicht eine Höhe zwischen zwei und drei Metern. Die gelblichweißen Blüten stehen zu mehreren in einer kleinen Gruppe. Sie machen durch einen angenehmen Duft auf sich aufmerksam. Die zunächst leuchtend roten Beeren fallen besonders ins Auge. Die ersten Blüten kann man bereits im Mai finden, aber auch noch spät im Oktober.

Wegen seiner relativ geringen Größe eignet sich das Geißblatt in erster Linie zur Berankung von Mauern, Gartenlauben oder Sitzecken. Der Boden sollte sehr nährstoffreich, weich und ausreichend feucht sein.

Im Gegensatz zum Efeu kann das Geißblatt nicht an glatten Wänden emporranken. Man sollte ihm eine Kletterhilfe anbieten.

Beim Geißblatt können sie sich selbst mit Wildpflanzen versorgen. Drücken Sie einfach ein kurzes Teilstück einer Ranke in den Boden. Dort wird es in relativ kurzer Zeit Wurzeln bilden. Sobald diese ausreichend groß sind, können Sie die Verbindung zur Mutterpflanze durchschneiden und haben auf

Spitzen der Bäume, häufig kriechen die Triebe aber auch flach über den Boden und tragen dann an mehreren Stellen Wurzeln. Solche Triebe können dann am einfachsten abgeschnitten und in feuchte, humusreiche Erde eingepflanzt werden. Eine Kletterhilfe ist nur in der ersten Zeit erforderlich, bis der Efeu an der Hauswand Fuß gefaßt hat. Dann rankt er auch an sehr glatten Oberflächen hoch, an denen er sich mit speziellen Haftwurzeln festhält.

Efeu ist schon deshalb zu empfehlen, weil die Pflanze auch im Winter grün bleibt. Sie sieht dann nicht nur sehr dekorativ aus, sondern schützt das Haus zusätzlich gegen kalten Wind. Efeu kann also auch ein Beitrag zur Energieeinsparung sein – wenn auch nur ein kleiner.

Efeu kann man auch unbesorgt an Bäumen empor-

diese Weise, ohne gravierenden Eingriff in die Natur, ein hervorragendes Pflanzgut gewonnen.

Die im Handel erhältlichen Pflanzen sind häufig Zuchtformen oder Importe, die man möglichst nicht verwenden sollte.

Der Wilde Wein

Diese beeindruckende Kletterpflanze ist zwar keine ursprünglich einheimische Art, der »Stilbruch« scheint jedoch vertretbar. Der Wilde Wein ist so starkwüchsig, daß er ganze Häuser überranken kann. Besonders reizvoll ist die intensiv rote Herbstfärbung, deren Schönheit von keiner einheimischen Kletterpflanze erreicht wird. Darüber hinaus ist der Wilde Wein nicht nur optisch reizvoll, er ermöglicht auch (bescheidene) Ernten. Die

Trauben werden zwar selten größer als Rosinen, sind jedoch sehr schmackhaft und werden in manchen Jahren sehr reichlich angesetzt. Der Wein kann sich mit Haftwurzeln selbst am Mauerwerk festklammern, braucht also keine zusätzliche Stützung. Höhen von über zehn Meter werden spielend erreicht.

Die Vermehrung gelingt sehr leicht durch Stecklinge oder durch Triebe, die ein Stück unter die Erdoberfläche gedrückt werden (Absenker). Der Wilde Wein wächst zwar auf fast jedem Boden, besonders rasches Wachstum erreicht man jedoch in humusreicher, tiefgründiger Erde. Die Pflanzung kann sowohl auf der Sonnen- wie auch auf der Schattenseite des Hauses erfolgen.

Keine Pflanze kann so eindrucksvoll ganze Häuser unter dichtem Laub verschwinden lassen wie der Wilde Wein.

Weitere Kletterpflanzen

Neben den genannten Pflanzen kann auch noch der Hopfen als weitere, einheimische Art angesiedelt werden. Darüber hinaus gibt es zahlreiche Züchtungen, die besonders farbenprächtige Blüten aufweisen. Dazu gehören vor allen Dingen die verschiedenen Waldreben (Clematis), eine auch unter dem Namen Klettermaxe bekannte Knöterichart, der Blauregen sowie der Jasmin. Doch so nett sie auch sein mögen: In einem echten Naturgarten ist für solch dekorative Züchtungen kein Platz.

Die Schleiereule

Obwohl die Schleiereulen grundsätzlich Baumhöhlen und Felsspalten als Brutplätze akzeptieren, zieht es sie doch immer wieder in die Bauwerke der Menschen. Dachböden, Scheunen und Kirchtürme sind die Stellen, an denen man sie antrifft oder besser »antreffen könnte«. Denn zu einem Brutplatz in einer Scheune gehört auch ein Einflugloch, um ihn zu erreichen, und genau das ist das Problem. Immer mehr alte Häuser, Bauernhöfe und Kirchen werden »modernisiert« und fast immer kostet das die Schleiereulen ihren angestammten Brut- und Tagesruheplatz.

Hinzu kommen in harten Wintern hohe Verluste: Wenn über lange Zeit eine dicke Schneeschicht den Boden bedeckt, warten die Schleiereulen vergeblich auf Mäuse. Dann helfen ihnen auch ihre Superohren nicht mehr weiter. Diese präzisen Ortungsgeräte sind so gebaut, daß z. B. das Piepen einer Maus an dem einen Ohr eher ankommt als an dem anderen. Dadurch ist selbst bei tiefer Dunkelheit eine genaue Positionsbestimmung der Beute möglich. Spezielle, ausgefranste Federränder er-

Das Einflugloch der Schleiereule an einem Hausgiebel. Noch ist es offen . . .

möglichen der Schleiereule einen geräuschlosen Beuteflug und damit eine Überlebenschance auch unter den erschwerten Nachtbedingungen.

Das Verfahren funktioniert so prächtig, daß die Schleiereulen in »guten Mäusejahren« bis zu 11 Jungvögel großziehen können. Zweimal greift die Natur hier regulierend ein: zum einen produzieren die Schleiereulen in Jahren mit geringem Beuteangebot nur wenig Eier. Zum anderen legen sie die Eier im Abstand von etwa 2 Tagen, fangen aber schon in den ersten Tagen an zu brüten. Die Konsequenz: die Jungen schlüpfen jeweils mit einigen Tagen Abstand, sind entsprechend unterschiedlich groß und sterben unterschiedlich schnell, wenn das Futter einmal knapp werden sollte: die Kleinsten zuerst.

Wie alle Eulen bauen auch die Schleiereulen kein

spezielles Nest, sondern legen ihre Eier einfach auf den Boden. 30 bis 34 Tage lang brütet das Weibchen, während der Partner sie in erster Linie mit Mäusen versorgt. Nach ca. 60 Tagen sind die jungen Schleiereulen flügge und schon zwei Wochen später können sie sich allein versorgen. Die Altvögel versorgen dann oft noch eine zweite Brut.

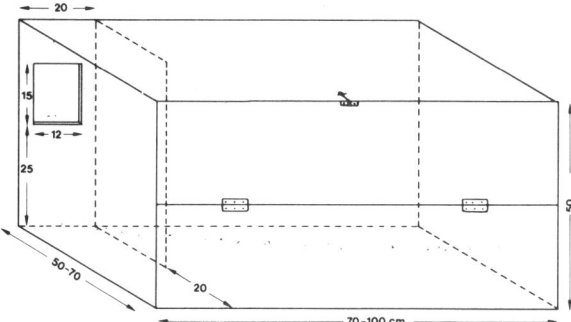

Der Schleiereulen-Nistkasten wird an der Innenseite der Gebäude angebracht.

Ein Nistkasten für die Schleiereule besteht aus einem größeren Brutraum sowie einem, durch eine Zwischenwand teilweise abgetrennten Eingangsraum. Diese Schleuse soll verhindern, daß Tageslicht durch die Öffnung direkt in den Brutraum dringt. Auch in normalen, modernen Häusern hat man bereits Schleiereulen mit Erfolg angesiedelt. Man braucht lediglich eine Öffnung im Mauerwerk, hinter der der Nistkasten angebracht wird. Um die Eulen zu einer Besiedlung zu ermuntern, kann man den Boden mit Sägespänen auslegen.

Der Turmfalke

Zusammen mit dem Mäusebussard gehört dieser kleine, elegante Falke zu den häufigsten Greifvögeln. Er hat sich besonders eng den Menschen angeschlossen und brütet in Stadtnähe fast immer an Gebäuden. Das können größere Mauernischen sein, besser sind jedoch Nistkästen, die hinter großen Maueröffnungen angebracht werden.

Mit der Brut beginnt der Turmfalke im April. Er legt dann vier bis sechs Eier, die einen knappen Monat lang bebrütet werden. Während der vier- bis fünfwöchigen Fütterungszeit haben die Altvögel alle »Krallen« voll zu tun. Vierzig bis fünfundvierzig Mäuse müssen sie tagtäglich fangen, um sich und ihre Küken satt zu bekommen.

Anstelle der Mäuse wird gelegentlich auch noch andere Beute geschlagen: Insekten, gelegentlich auch Eidechsen und Vögel, sind eine willkommene Bereicherung des Speisezettels.

Das Schwergewicht indes liegt auf den kleinen Na-

Turmfalken brüten nicht in Häusern. Ihr Nistkasten sollte eine Grundfläche von 44 × 25 cm haben und 30 cm hoch sein.

gern. Wie ein Hubschrauber steht der Turmfalke rüttelnd in der Luft, stets bereit, sofort zu Boden zu stoßen, wenn er dort Beute gesichtet hat. Dabei ergreift er auch Maulwürfe durch eine Erdschicht hindurch, also ohne die eigentliche Beute überhaupt zu sehen.

Die Rauchschwalbe

Ursprünglich hat die Rauchschwalbe wohl in Höhlen gebrütet. Mit der stärkeren Besiedelung der Landschaft brachen für die Schwalben goldige Zeiten an. Überall waren sie in Stallungen und auch Wohnhäusern gern gesehene Gäste. Heute gibt es wohl kaum noch Rauchschwalben, die in Höhlen brüten. Längst sind diese geschickten Flieger »Kulturfolger« geworden. Ihre besondere Spezialisierung liegt in der engen Partnerschaft, die sie mit dem Menschen in der Vergangenheit hatten. Zur Zeit droht diese Freundschaft jedoch zu zerbrechen, denn immer häufiger finden die Rauch-

schwalben den Weg in Häuser und Ställe versperrt. Dabei wäre alles so einfach: Ein kleines Mauerloch oder ein offenstehendes Fenster würde schon ausreichen, um den Rauchschwalben die Flugbahn ins Innere der Häuser zu den Mauervorsprüngen und Balken zu öffnen, auf denen sie brüten.

Als Baumaterial für die Nester wird Lehm verwandt, der mit Halmen und anderen Pflanzenteilen vermischt wird. 2- bis 3mal pro Jahr werden 4 bis 5 Eier gelegt, die etwas über 2 Wochen lang überwiegend vom Weibchen bebrütet werden. Etwa 20 Tage noch werden die Jungen mit Mücken und Fliegen sowie anderen in der Luft gefangenen Insekten gefüttert, bis sie das Nest verlassen können, in das sie zunächst aber immer noch zum Schlafen zurückkehren.

Wer einen Stall, einen Schuppen oder einen nicht zu dunklen, größeren Kellerraum besitzt, sollte für die Rauchschwalben eine kleine Einflugöffnung schaffen. Ein postkartengroßes Loch reicht dafür bereits aus.

Wenn geeignete Nistunterlagen fehlen, so kann man diese leicht selbst bauen:

Benötigt wird eine 15 × 15 cm große Grundplatte, die an den Seiten mit kleinen Brettchen abgesichert wird. Mit Hilfe eines untergeschraubten, rechtwinkligen Holzstückes, läßt sich diese Nisthilfe kippsicher an jeder Wand befestigen.

Man kann im Handel auch künstliche Schwalbennester erhalten, die für die Rauchschwalbe jedoch nicht erforderlich sind.

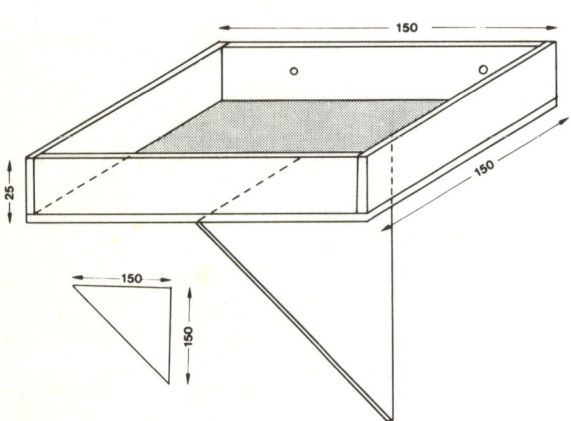

Eine einfache Nisthilfe für die Rauchschwalbe: Die Befestigung erfolgt etwa 6 cm unter der Decke.

▶

Rauchschwalben brüten innerhalb von Gebäuden. Unermüdlich schaffen sie Futter für ihren hungrigen Nachwuchs heran.

Die Mehlschwalbe

Auch die Mehlschwalbe hat die Nähe des Menschen schätzen gelernt. Früher klebte sie ihr Nest unter kleine Vorsprünge an steil abfallende Felswände. Heute findet man sie praktisch nur noch unter den Dachvorsprüngen der Häuser.
Mehlschwalben sind äußerst gesellige Vögel. Meist findet man ihre Nester zu mehreren oder gar zu Dutzenden dicht nebeneinander. Die Mehlschwalbe hat zwar nicht die gleichen Probleme wie die ausgesperrte Rauchschwalbe, doch sie hat andere: Um ein Nest zu mauern, das lange Zeit an einer senkrechten Mauer haftet, braucht sie geeignetes feuchtes Baumaterial. Das gibt es häufig nur noch in Neubaugebieten, in denen lange Zeit Pfützen auf den Straßen stehen. Entsprechend kann man häufig beobachten, daß solche neuen Siedlungen rasch von Mehlschwalben besiedelt werden, die diesen neuen Brutplatz dann wieder verlassen, wenn die letzte Straße asphaltiert und die letzten Erdhügel eingeebnet und eingesät worden sind.
Vielfältig sind die Hilfsmöglichkeiten für die Mehlschwalbe. Sie reichen vom Angebot geeigneter Pfützen, an denen sie sich ihr Baumaterial holen, bis zu fertigen Schwalbennestern, die man unter dem Dach anbringen kann und die gern angenommen werden. 2 bis 3 Bruten ziehen die Mehlschwalben im Jahr groß, wobei auf durchschnittlich 4 bis 5 Eiern etwa 14 Tage lang gebrütet wird. Besonders interessant ist, daß Mehlschwalben anscheinend

Eine Verschmutzung der Hauswand kann man durch Kotbrettchen unter den Nestern verhindern.

auch einen sehr ausgeprägten »Familiensinn« haben. Die Jungen aus der ersten Brut können beispielsweise lange Zeit in der Nähe bleiben und bei der Fütterung ihrer Geschwister aus der nächsten Brut mithelfen.

Die Mehlschwalbe an einem künstlichen Nest. Zum Eigenbau fehlt oft der Lehm.

◄

Alle 21 verschiedenen Fledermausarten in Deutschland sind bedroht! Neben einer ausreichenden Nahrung fehlen ihnen die Ruheplätze auf Böden sowie in alten Bäumen und Stollen.

Der Mauersegler

Die meisten Vögel können zwar fliegen, aber genauso häufig sieht man sie auf Bäumen, Büschen oder dem Boden. Dort suchen sie nach Nahrung, dort sammeln sie Nistmaterial, dort schlafen sie. Einige wenige Spezialisten gibt es jedoch, die haben dem ebenen Boden für immer Lebwohl gesagt: der Mauersegler sowie einige nahe Verwandte, die Alpen- und Fahlsegler. Ihre kleinen Beine sind viel zu schwach, um den Vogel vom Boden abstoßen zu können. Sie fangen in der Luft ihre Beute und sie schlafen dort. Sie können Unwetter großräumig umfliegen und wenn sie es besonders eilig haben, erreichen sie Geschwindigkeiten bis zu 280 km/h.
Nur eines können sie nicht in der Luft: Brüten.
Das Nistmaterial, Federn, Halme, Blätter etc., erhaschen sie zwar im Flug, doch zusammengeklebt wird das Material in einem Mauerloch, einer natürlichen Felsspalte oder auch in einem bereitge-

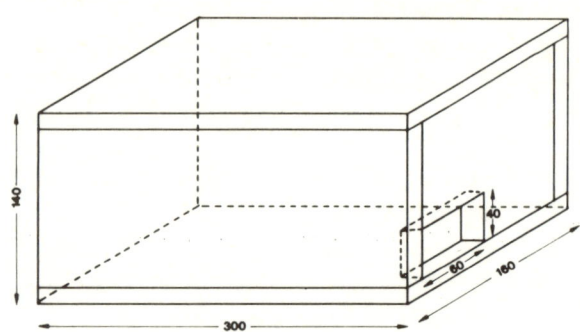

Der flache Mauersegler-Nistkasten wird am besten in Dachnähe befestigt.

stellten Nistkasten. Zum Festhalten am Felsen lassen sich die kleinen Füßchen nämlich gerade noch gebrauchen.
Das Baumaterial wird mit Speichel verklebt. Ende Mai bis Mitte Juni legen die Mauersegler die meist 2 weißen Eier, die sie 18 bis 20 Tage lang bebrüten. Aber nicht nur das dauerhafte Fliegen zeichnet die Mauersegler aus. Sowohl die Eier als auch die Jungvögel können in Schlechtwetterperioden längere Unterkühlungen ertragen, die Brut- bzw. Nestlingszeit verlängert sich dadurch aber erheblich.
Während der 5 bis 8 Wochen dauernden Fütterungsperiode vollbringen die Segler eine ungeheure Leistung: sowohl Männchen als auch Weibchen legen in dieser Zeit bei der Nahrungssuche eine Strecke zurück, die zweimal um den Erdball reicht.

Ein Mauersegler kommt nie auf den Boden herab. Er schläft sogar in der Luft.

Hausrotschwanz, Bachstelze und Grauschnäpper

Diese drei interessanten Vogelarten brüten sehr gern in Mauernischen des Hauses. Im einfachsten

Hausrotschwänze brüten in Mauselöchern oder, wie hier, in einem Nistkasten.

Falle können es herausgefallene Ziegelsteine sein, die einen akzeptablen Brutplatz darstellen. Besser sind allerdings Bruthöhlen, die etwas tiefer und geschützter liegen, damit die Jungvögel nicht von vorbeifliegenden Beutegreifern gesehen und ergriffen werden können.

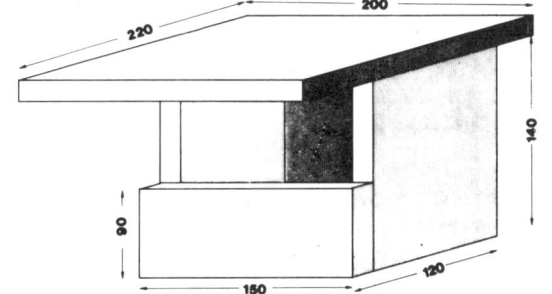

Der Nistkasten für Halbhöhlenbrüter ist vorn zur Hälfte offen. Geschützte Aufhängung ist wichtig!

Es gibt zwar spezielle Niststeine, die man anstelle normaler Mauersteine in die Wände einfügen kann, einfacher ist jedoch der Bau eines Holznistkastens, der eine ausreichend große Öffnung besitzt. Wegen ihrer Vorliebe für derart gestaltete Brutplätze, nennt man diese Arten auch Halbhöhlenbrüter. Anders als die echten Höhlenbrüter legen sie Wert darauf, ihre Umgebung im Auge behalten zu können.

Ständige Wachsamkeit ist für diese Vögel lebenswichtig, denn ihr Brutplatz ist oft leicht zu finden. Halbhöhlenbrüter sind daher sehr stark durch wildernde Katzen, Elstern und andere Beutegreifer gefährdet, so daß man die Kästen, falls möglich, an einem etwas schlechter einsehbaren Ort aufhängen sollte.

Für diesen und alle anderen Nistkästen gilt, daß sie aus gesundem, mindestens zwanzig Millimeter dickem Holz gefertigt sein sollten. Es empfiehlt sich eine dauerhafte Imprägnierung mit einem Holzschutzmittel. Die Kästen dürfen allerdings erst dann aufgehängt werden, wenn sie trocken und weitgehend geruchsfrei sind.

Der **Hausrotschwanz** hat sich am stärksten auf unsere Häuser spezialisiert. In den Nachkriegsjahren, als er in den Ruinen der verwüsteten Städte alle paar Meter einen möglichen Nistplatz fand, lebten Hausrotschwänze wie im Paradies. Inzwischen fällt es den Weibchen schon wesentlich schwerer, einen Platz zu finden, der vor Feinden sicher ist.

Auf den Unterbau aus Gräsern und anderen Pflanzenteilen folgt das Polster aus Federn und Haaren. Ab April werden 5 bis 6 Eier gelegt, aus denen nach knapp 2 Wochen die Jungen schlüpfen. Nachdem sie 12 bis 17 Tage lang von beiden Altvögeln versorgt worden sind, verlassen sie oft das Nest schon, bevor sie richtig fliegen können. Drei Bruten im Jahr sind keine Seltenheit.

Nicht zu unterscheiden vom Nest des Hausrotschwanzes ist das Nest der **Bachstelze**, die das gleiche Baumaterial verwendet. 5 bis 6 Eier werden 12 bis 14 Tage lang vom Weibchen ausgebrütet; im Norden gibt es nur eine Brut, im Süden oft zwei.

Auch bei der Bachstelze sorgen beide Eltern gemeinsam für das Futter. 13 bis 16 Tage lang dauert es, bis die Jungen flügge sind, doch besteht bei unvorsichtigen Kontrollen die Gefahr, daß sie schon wesentlich früher das Nest verlassen!

Der **Grauschnäpper** macht sich weniger Arbeit beim Bau seines Nestes. Entsprechend ist es nicht so hoch wie das Nest der anderen Halbhöhlenbrüter und entsprechend niedrig muß auch die Vorderseite des Nistkastens sein, damit freie Sicht garantiert bleibt.

Auch der Grauschnäpper verbaut zunächst Halme, Wurzeln und Pflanzenfasern, die mit Federn und Tierhaaren gepolstert werden. 4 bis 5 Eier werden ca. 14 Tage lang bebrütet, 2 weitere Wochen benötigen die Jungen, um flügge zu werden. Nochmals 3 Wochen später sind sie endlich selbständig. Gelegentlich kommt es noch zu einer zweiten Brut.

Die Fledermaus

Sie kennen sicher diese Horrorfilme:
Graf Dracula entblößt blutgierig sein fürchterliches Gebiß, um einer unschuldig schlafenden Jungfrau das Blut abzuzapfen. Und was kreist dann wohl im Hintergrund? Richtig! Eine Fledermaus!

Diese unfreiwillige Statistenrolle hat den kleinen, harmlosen Tierchen einen denkbar schlechten Ruf eingetragen.

Völlig zu unrecht, denn Fledermäuse sind sehr reizvolle Zeitgenossen, so daß es sich lohnt, sie näher kennenzulernen.

Zunächst einmal: Fledermäuse sind keine Vögel, sondern Säugetiere.

Ungewöhnlich ist die Art ihrer Orientierung. Wenn wir vor einer Felswand stehen und rufen, dann kommt der Schall nach einiger Zeit als Echo zurück. Mit diesem Echolotsystem arbeiten auch die Fledermäuse, sie haben es jedoch zur ungeheuren Perfektion entwickelt. Aus ihren großen Nasenlöchern stoßen sie ständig Ultraschallrufe aus, die von anderen Gegenständen reflektiert werden. Dieses, innerhalb von Sekundenbruchteilen zurück-

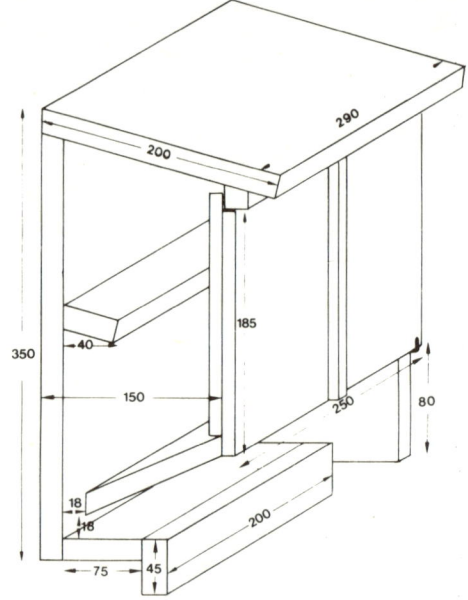

Man kann Fledermäuse auch mit einem Nistkasten in Waldrandnähe ansiedeln. Die Vorderseite ist abnehmbar, die Leiste an der Rückseite dient den Tieren zur Anklammerung. Der Einflug erfolgt schräg von unten (eine Seitenwand ist zur Veranschaulichung abgenommen).

kommende Echo, können die Fledermäuse blitzschnell auswerten, so daß sie auch nachts kleine, vorbeifliegende Käfer im Flug erbeuten können. Man hat einen Versuch gemacht und Fledermäuse bei völliger Dunkelheit in einem Raum fliegen lassen, der kreuz und quer mit Drähten durchzogen war. Die Fledermäuse haben diese Drähte kein einziges Mal berührt. Mit Hilfe ihres Echolotsystems können sie sich im Dunkeln genauso gut orientieren, wie wir uns mit unseren Augen bei Tageslicht. Das ist der Grund, weshalb Fledermäuse häufig auf stockdunklen Dachböden und in tiefen Stollen zu finden sind. Dort verbringen sie den Tag und die lange Winterzeit, in der sie draußen keine Insekten erbeuten können.

Und genau diese Rast- und Überwinterungsplätze sind ein zentrales Problem für die Fledermäuse. Überall sind die Dachböden im Zuge von Modernisierungsmaßnahmen dicht verschlossen worden. Damit hat man neben den Schleiereulen gleichzeitig auch viele Fledermäuse ausgesperrt. Einundzwanzig verschiedene Arten gibt es in Deutschland. Einige schlafen in Baumhöhlen, viele jedoch sind auf Dachböden angewiesen.

Erschwerend kommt hinzu, daß Fledermäuse eine äußerst feine Nase haben. Wenn wir die Holzschutzmittel auf den Dachbalken schon längst nicht mehr riechen, herrscht für die Fledermäuse immer noch ein unerträglicher Geruch. Solche neu eingerichteten Dachböden werden daher von ihnen gemieden. Am besten geeignet sind die Dachböden alter Häuser, die man leicht durch Maueröffnungen zugänglich machen kann. Wichtig für die Fledermäuse ist die Ruhe vor Störungen. Besonders während der Aufzuchtzeit ihrer Jungen sind sie sehr empfindlich.

Alle einundzwanzig Arten stehen auf der berüchtigten Roten Liste für bedrohte Tierarten. Neben akuter Wohnungsnot leiden sie auch noch unter Nahrungsmangel, da große Nachtinsekten, ihre bevorzugte Beute, immer stärker abnehmen. Doch auch in dem Falle können Sie für die Fledermäuse etwas tun – durch eine vielfältige Tier- und Pflanzenwelt in Ihrem Naturgarten.

Die Hecke – nicht nur Grenze, sondern auch Lebensraum

Man kann ein Grundstück auf vielerlei Weise abgrenzen. Man kann hohe Betonmauern ziehen oder Stacheldraht, einen Lattenzaun – oder eine lebende Mauer, eine Hecke. So unterschiedlich die einzelnen Hecken aussehen, so unterschiedlich ist auch ihre biologische Qualität. Die schnurgerade geschnittenen, nur aus einer Pflanzenart bestehenden Hecken sind die schlechteste Lösung und gehören nicht in einen Naturgarten.

Am besten sind Hecken, die aus möglichst vielen, verschiedenen Pflanzenarten zusammengesetzt sind.

Eine solche Hecke wird niemals wie eine kompakte Mauer wirken. Es gibt darin große Pflanzen, die fast schon wie Bäume wirken und kleinere Büsche, die für einen dichten Unterbau der Hecke sorgen. Eine Hecke kann für unerwünschte Gäste undurchdringlicher sein, als jeder Zaun und eignet sich schon aus diesem Grunde hervorragend zur Abgrenzung des Grundstückes.

Auch schmale, nur etwa fünfzig Zentimeter breite Hecken sind bereits eine erhebliche Bereicherung des Gartens. Biologisch besonders wirksam werden jedoch ein bis zwei Meter breite Hecken, und das hat einen sehr einleuchtenden Grund:

In der Biologie gibt es einen sogenannten Grenzli-

Eine Hecke ist ein hervorragender Windschutz. In einem Naturgarten sollte sie jedoch aus möglichst vielen verschiedenen Arten bestehen und auch nicht so streng gestutzt werden.

nieneffekt. Immer dann, wenn zwei unterschiedliche Lebensräume aneinandergrenzen, ist das Tier- und Pflanzenleben besonders reichhaltig. Dies zeigt sich deutlich dort, wo Land und Wasser aneinanderstoßen, also an den Ufern von Flüssen und Bächen. Aber auch der Waldrand ist ein gutes Beispiel. Weder im Wald noch auf dem vorgelagerten Acker oder den Weideflächen ist das Tier- und Pflanzenleben so reichhaltig wie im Bereich des nur wenige Meter breiten Waldrandes.

Genau das ist der Grund, warum Hecken sowohl in der freien Landschaft, wie auch im Garten so besonders wertvoll sind. Eine ausreichend breite Hecke ist in der Mitte wie ein Wald. Der Boden ist durch den Schatten oft vegetationsfrei bzw. mit typischen Schattenpflanzen aus Wäldern besiedelt. An den beiden gegenüberliegenden Seiten der Hecke herrscht jeweils Waldrandatmosphäre. Dort breitet sich lichthungriges Gebüsch aus, dem größere Staudenpflanzen vorgelagert sind.

Eine biologisch gute Hecke ähnelt also einem sehr schmalen, langgestreckten Mini-Wald. Ein Beispiel: In Schleswig-Holstein hat man gezählt, daß in vielfältig gestalteten Wallhecken eintausendfünfhundert verschiedene Tierarten vorkommen.

Da gibt es Vögel wie die Amsel, die in Astgabeln ihr Nest anlegen, Rotkehlchen, die es versteckt am Boden bauen und Zaunkönige, die eine dichte Kugel weben. In der Laubschicht einer solchen Hecke stöbert nachts der Igel nach Würmern und Schnecken. Tagsüber huschen Eidechsen über den Boden, summen Bienen um die Blüten, kriechen Käfer durch die Zweige.

Das Rotkehlchen gehört zu den Vögeln, die in dichtem Gestrüpp am Boden brüten.

Die Heckenbraunelle brütet in niedrigen Büschen. Gelegentlich muß sie einen jungen Kuckuck aufziehen.

Diese tierische und pflanzliche Vielfalt in der Hecke kommt auch dem Garten zugute. Insektenfressende Spitzmäuse und Eidechsen schwärmen auf die umliegenden Kulturflächen aus und machen dort reiche Beute. Nicht unterschätzen sollte man die zahlreichen Helfer unter den Insekten. Raupen, Fliegen und Schlupfwespen legen ihre Eier z. B. in Kohlweißlingsraupen ab, so daß diese sterben, bevor sie großen Schaden anrichten können.

Die Hecke als Windschutz

Es klingt zunächst unglaublich, aber es stimmt. Eine massive Betonmauer ist ein schlechterer Windschutz als eine Hecke. Durch eine Mauer wird der Wind nur umgeleitet. Die Folge sind starke Luftwirbel unmittelbar hinter der Mauer. Versuche haben gezeigt, daß die Kraft des Windes am besten dann gebrochen wird, wenn er auf ein Hindernis trifft, das nur zu zwei Dritteln geschlossen ist. Eine Hecke ist dafür optimal. Der Wind fegt hinein, verzettelt sich zwischen den Blättern und Zweigen und kommt als leichtes Lüftchen auf der anderen Seite heraus.

Für die Pflanzen im Garten ist dies von großer Wichtigkeit. Sie brauchen für ihr Wachstum Kohlendioxyd, das sie mit ihren Blättern aus der Luft entnehmen. Dafür besitzen sie an der Unterseite ihrer Blätter dichtgedrängt winzige Organe, die sogenannten Spaltöffnungen. Jeder, der schon einmal auf eine kühle Glasscheibe gehaucht hat, weiß, daß die Atemluft des Menschen Feuchtigkeit enthält. Nicht anders ist es bei den Pflanzen. Wenn sie ihre Spalten öffnen, um Kohlendioxyd aufzunehmen, verlieren sie zwangsläufig etwas Wasser. Je windiger es ist, desto höher ist dieser Wasserverlust.

Die Pflanze hat gar keine andere Wahl. Um eine Austrocknung zu verhindern, muß sie bei stärker werdendem Wind immer mehr Spaltöffnungen schließen, um eine Austrocknung zu verhindern. Damit schneidet sie sich aber gleichzeitig von einer weiteren Nährstoffversorgung ab, denn Kohlendioxyd ist für pflanzliches Wachstum unerläßlich. Untersuchungen haben gezeigt, daß das Pflanzenwachstum und der Ernteertrag im Windschatten einer Hecke deutlich höher liegen.

Eine Einschränkung muß jedoch gemacht werden. Im direkten Randbereich der Hecke konkurrieren deren Wurzeln mit denen der Kulturpflanzen. Dort ist das Wachstum also etwas schlechter, es wird jedoch, wie die nebenstehende Zeichnung deutlich macht, in etwas größerer Entfernung mehr als ausgeglichen. In einem Naturgarten empfiehlt sich daher, die naturnahe Zone zwischen die Hecke und die Kulturpflanzen zu legen.

Wie pflanzt man eine Hecke?

Zunächst einmal müssen die richtigen Pflanzen beschafft werden. Besorgt man sie sich in einer Gärtnerei, so sollte man darauf achten, daß man nicht irgendwelche exotischen Arten oder Zuchtformen erhält. Diese stellen oft ganz andere Ansprüche an ihre Umwelt und können in der Lebensgemeinschaft einer Hecke zum Problemfall werden. Am besten besorgen Sie sich ihr Pflanzenmaterial (nach Rücksprache mit dem Eigentümer!) in der freien Landschaft. Die Erfahrung zeigt, daß diese in den seltensten Fällen etwas dagegen haben, wenn Sie einzelne Pflanzen entnehmen. Darüber hinaus gibt es überall Baustellen, in denen die Pflanzen ausgerissen oder untergepflügt werden. Wichtig ist, daß die richtigen Pflanzenarten zusammengestellt werden. Nur wer tiefschürfende, pflan-

zensoziologische Kenntnisse hat, wird dieses Problem auch vom Schreibtisch aus lösen können. Allen anderen sei folgendes empfohlen:

Schauen Sie sich den Boden in Ihrem Garten genau an. Zerreiben Sie ihn auch zwischen den Fingern.

Besuchen Sie jetzt Hecken, die auf einem ähnlichen Boden stehen. Prägen Sie sich die Pflanzen ein. Nehmen Sie sich gegebenenfalls ein paar Blätter, Zweige oder Knospen mit. Beachten Sie, in welcher Häufigkeit die einzelnen Pflanzen zusammenstehen. Suchen Sie sich dann Ihr geeignetes Pflanzmaterial aus. Auch ohne große botanische Kenntnisse können Sie so eine vielfältige, naturgemäße Hecke zusammenstellen.

Für denjenigen, der die einzelnen Baum- und Straucharten kennt, wird die folgende Übersicht eine wertvolle Hilfe sein:

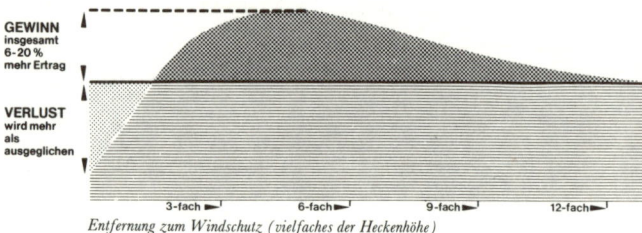

Entfernung zum Windschutz (vielfaches der Heckenhöhe)

Liste der geeigneten Heckenpflanzen

Alpenjohannisbeere

Eine sehr dicht wachsende Art, die am besten auf kalkhaltigen Böden gedeiht. Sie erreicht eine Höhe von zwei Metern; eine kleinere Rasse wird nur etwa halb so hoch. Sie ist wertvoll als Vogelschutzgehölz und Insektennahrung, jedoch nur im Bergland zu empfehlen.

Besenginster

Wächst am besten auf trockenen, ruhig steinhaltigen Böden, die keinen Kalk enthalten. Die Art ist sehr lichtbedürftig und wird sich bestenfalls auf der Sonnenseite vor der Hecke halten. Sie kann eine Höhe von zwei Metern erreichen, bleibt jedoch meist deutlich kleiner.

Brombeere
Zahlreiche verschiedene Arten, die fast alle sehr anspruchslos sind. Sie gedeihen auch im Halbschatten der Wälder und können mit ihren zahlreichen Dornen zu einer undurchdringlichen, grünen Mauer werden. Sie sollte daher in keiner Hecke fehlen, zumal man auch regelmäßige Ernten erwarten kann. Am besten gedeihen sie auf leicht feuchten, humosen Böden, wo die stark rankenden Triebe eine Höhe von zwei Metern erreichen können. Vögel schätzen ein solches Brombeergebüsch als Brutplatz ganz besonders.

Eberesche
Eine sehr anspruchslose Art, die zu einem fünfzehn Meter hohen Baum auswachsen kann. Die leuchtend roten (giftigen!) Früchte werden von Vögeln sehr geschätzt.
Ein Ebereschensamen keimt erst dann, wenn er durch den Darm eines Vogels gewandert ist.

Hartriegel
Eine sehr wärmeliebende Art, die am liebsten auf trockenen, nährstoffreichen Mineralböden wächst. Sie verträgt starke Beschattung. Ihre Früchte werden von den Vögeln als Nahrung geschätzt.

Faulbaum
Eine speziell für feuchte, auch staunasse Böden geeignete Art, die meist nur etwa drei Meter hoch wird.

Haselnuß
Eine 3 bis 5 Meter hoch werdende Pflanzenart, die sowohl auf trockenen als auch auf feuchten Böden angepflanzt werden kann. Wichtig ist, daß die Böden nährstoffreich und tiefgründig sind. Halbschatten wird gut vertragen.

Geißblatt/Heckenkirsche
Die Heckenkirsche läßt sich auch im schattigen Bereich einer Hecke anpflanzen. Der Boden sollte sehr locker und kalkhaltig sein. Die Früchte sind als Vogelnahrung von Bedeutung.

Holunder
Zwei verschiedene Arten sind in Deutschland zu finden. Am häufigsten ist der schwarze Holunder, der in keinem Garten fehlen sollte, zumal er eine wichtige Heilpflanze ist. Der Saft aus den schwarzen Beeren schützt zuverlässig vor Erkältungskrankheiten, die Blüten und die Rinde gehören zu den stärksten, schweißtreibenden Mitteln. Er wächst am besten auf humushaltigen, nährstoffreichen Böden, die immer feucht sein sollten. Dort gedeiht er auch im Halbschatten noch sehr gut und kann eine Höhe von fünf Metern erreichen. Die Verbreitung des roten Traubenholunders ist in erster Linie auf das Bergland beschränkt. Er bleibt mit vier Metern etwas kleiner und stellt, bis auf den möglichst geringen Kalkgehalt, kaum Ansprüche an den Boden.

Kornelkirsche
Der zwei bis fünf Meter hohe Strauch liebt lockere, mineralhaltige Böden. Er wächst am besten im warmen Klima.

Kreuzdorn
Eine sehr anpassungsfähige Pflanze, die sowohl auf moorigen wie auch auf steinigen, trockenen Böden wächst. Falls in der Nachbarschaft Getreide angebaut wird, sollte man jedoch auf die Ansiedlung dieser Art verzichten, da sie dem gefürchteten Getreiderost als Zwischenwirt dient.

Pfaffenhütchen

Als Randbepflanzung für den biologischen Garten ungeeignet! In der Pflanze überwintern Parasiten von Rüben und Bohnen, die dort schwere Erkrankungen hervorrufen können!

Rosen

In erster Linie ist die Heckenrose geeignet (auch Hundsrose genannt), die am besten auf nährstoffreichen, möglichst kalkhaltigen Böden wächst. Sie ist als Vogelschutzgehölz von großer Bedeutung, ihre Früchte, die Hagebutten, lassen sich gut als Tee verwenden.

Sanddorn

Der natürliche Standort liegt im Küstenbereich sowie auf den Schotterbänken der Flüsse. Entspre-

Der Sanddorn ist eine sehr dekorative Pflanze, die auch eine erstaunliche Heilwirkung besitzt.

chend bietet sich die Verwendung auf kalkreichen, gut durchlüfteten Böden an. Die vitaminreichen Beeren lassen sich zu Saft verarbeiten, man kann sie jedoch auch den Vögeln für die Winterzeit lassen. Sanddorn ist getrenntgeschlechtlich, man muß daher immer männliche und weibliche Exemplare zusammenpflanzen. Die Pflanze kann vier bis fünf Meter hoch werden.

Schlehe

Sie wird meist nur etwa zwei Meter hoch und sollte nur auf trockenem, kalkhaltigem Steinboden gepflanzt werden. Die Schlehe benötigt reichlich Licht und ist wichtig als Vogelschutzgehölz und für verschiedene Insekten.

Schneeball

Es gibt zwei verschiedene Arten, die jeweils nur geringe Ansprüche an den Untergrund stellen und auch zumindest halbschattige Standorte vertragen. Am besten wachsen die bis fünf Meter hohen Pflanzen auf humusreichen, feuchten, kalkhaltigen Böden. Sowohl der Wollige als auch der Gemeine Schneeball sind wichtig als Futterpflanzen für Insekten.

Weiden

Die Zahl der Züchtungen und Kreuzungen zwischen verschiedenen Weidenarten ist wahrscheinlich nicht mehr zu zählen. Diese Pflanzen findet man nicht nur in Gärten, sondern auch in der freien Natur. Sie sind dort angepflanzt worden, weil sie oft einen wichtigen Beitrag zur Sicherung des Bodens leisten können. Dies ist besonders an Gewässern der Fall, dem ursprünglichen Lebensraum der meisten Weidenarten.

Verschiedene Sorten (nicht alle!) verfügen über ein

erstaunliches Regenerationsvermögen. Man kann einen Stamm in armlange Stücke schneiden, diese mit einem Hammer in den Boden schlagen und sie bilden dort Wurzeln und neue, große Bestände. Diese kann man wiederum alljährlich zurückschneiden, so daß sich durch den dichten Stockausschlag bald ein undurchdringliches Gebüsch bildet. Die weichen Zweige benachbarter Pflanzen lassen sich auch gut miteinander verflechten, so daß man einen lebenden Gartenzaun erhält.

Weißdorn

Eine bis zu fünf Meter hohe, sehr anspruchslose Pflanze, deren Beeren im Winter gern von Vögeln angenommen werden. Der Weißdorn verträgt Halbschatten und eignet sich daher gut für die Mittelbepflanzung einer Hecke.

Der Weißdorn ist eine typische Heckenpflanze, die reichlich Früchte trägt.

Frühzeitig Konkurrenz beachten

Die Konkurrenz zwischen den einzelnen Pflanzenarten muß genau berücksichtigt werden. Große, raschwüchsige Arten werden langsamer wachsende bald schon beschatten und zurückdrängen, möglicherweise auch absterben lassen. Die Pflanzen in einer Hecke sollten daher nicht irgendwie eingegraben werden, sondern man macht sich am besten zunächst einen genauen Pflanzplan. Die spätere Größe der Pflanze bestimmt den Abstand zu ihren Nachbarn. Bei der Pflanzung legt man normalerweise einen Abstand von etwa fünfzig Zentimetern zugrunde. Würde man die Jungpflanzen einer Art überall in der Hecke verteilen, so wäre nicht gewährleistet, daß diese in der älterwerdenden Hecke überleben würden. Sicherer ist es daher, wenn man besonders von langsamwachsenden Sträuchern jeweils mehrere zusammenpflanzt. Die stärkste Pflanze wird sich dann durchsetzen und auch langfristig in der Hecke vertreten sein.

Am besten eignen sich Pflanzen, die mindestens fünfzig Zentimeter, möglichst doppelt so groß werden.

Regelmäßige Pflege – auch für die Naturhecke

In der ersten Zeit werden die jungen Pflanzen leicht von Gras, Stauden etc. überwachsen. Sie müssen daher regelmäßig freigehalten werden, um unnötige Verluste zu vermeiden.

Während des Wachstums der Hecke empfiehlt es sich, sehr regenerationskräftige Arten wie Weiden oder Faulbaum zurückzuschneiden, damit sich Stockausschlag bildet und die Hecke dichter wird.

Wenn die Hecke zu groß wird und den Garten stärker beschattet, sollte sie kontinuierlich ausgelichtet werden. Als man früher noch das Holz der Hecken nutzte, geschah das regelmäßig. Dabei wurde die gesamte Hecke abgesägt, die sich durch Stockausschlag dann innerhalb der nächsten Jahre wieder regenerierte. Eine solche Radikalkur ist jedoch ökologisch unsinnig. In einer Naturhecke sollten daher immer nur einzelne Pflanzen gekürzt, entnommen oder durch andere ersetzt werden.

Innerhalb der Hecke wird sich bald eine Schicht aus abgestorbenen Ästen und Blättern ansammeln. Diese werden natürlich nicht entfernt – im Gegenteil! Wenn Sie bei der Anlage der Hecken einige alte, größere Baumwurzeln besorgen und in die Hecke einbauen können, nimmt deren biologischer Wert erheblich zu.

In breiteren Hecken, die in ihrer Mitte einen kahlen, vegetationsfreien Boden besitzen, kann man auch gut verschiedene Waldpflanzen ansiedeln. Zunächst sind dafür wieder die Eigenschaften des Bodens zu prüfen. Nur wenn der Standort der Hecke mit demjenigen der Waldpflanzen vergleichbar ist, lohnt sich der Versuch. Am einfachsten sammelt man Früchte oder Samen der Waldpflanzen und streut sie in der Hecke aus. Falls es sich um häufige Pflanzen handelt, die nicht unter Naturschutz stehen (!), kann man einige wenige ausgraben und in der Hecke einpflanzen. Sie werden sich dann schon von selbst vermehren.

Eine gut zusammengestellte Hecke ist nicht nur eine Zierde für jeden Naturgarten, sie wirkt auch sehr positiv auf den Nutzgarten und erhöht die Ernteerträge.

Der Gartenteich – die Faszination des Wassers

Jeder, der einen Gartenteich besitzt, wird die gleiche Erfahrung gemacht haben: Der erste Blick eines jeden Besuchers gilt dem Teich.

Dabei ist ein solcher Gartenteich nicht nur ein optischer Genuß, sondern auch biologisch von besonderer Wichtigkeit. Draußen, in der freien Landschaft, sind vielerorts neunzig Prozent und mehr der Kleingewässer verschwunden. Gartenteiche können einen wirksamen Ausgleich schaffen und bedrohten Tier- und Pflanzenarten eine neue Heimat geben. Die Anlage eines solchen Gartenteiches ist kein unüberwindliches Problem:

Am einfachsten hat es selbstverständlich derjenige, der unter seinem Garten wasserundurchlässige Schichten hat. Er braucht nur ein Loch zu graben und zu warten, bis der Regen es füllt. Auch in Talauen reicht es oft aus, den Boden ein bis zwei Meter tief aufzugraben, um grundwasserführende Schichten zu erreichen.

Ebenfalls problemlos läßt sich für denjenigen ein Kleingewässer einrichten, der auf seinem Grundstück über eine Quelle verfügt, mit der er den Teich speisen kann.

Solche idealen Bedingungen sind jedoch leider die Ausnahme. In den meisten Fällen wird aufgestautes Wasser mehr oder weniger schnell versickern, der Teich trocknet aus. Um dies zu verhindern, muß eine wasserstauende Schicht eingebaut werden. Dies kann eine fest Lehm- oder Tonschicht sein. Wo dieses Material nicht in ausreichender Menge beschafft werden kann, bieten sich als Alternative Beton und Kunststoffolien an. Beide Materialien sind sehr dauerhaft und aus diesem Grunde mehr als eine kurzfristige Notlösung.

So ändert der Gartenteich sein Aussehen. Im April ist er, frisch angelegt, noch kahl und unbelebt . . .

Hindernis halten und sich gelegentlich hindurch-nagen. Das dürfte ihnen zwar schlecht bekommen – aber das Loch ist drin. Aber auch dagegen kann man sich schützen, indem man unter der Folie ein engmaschiges, möglichst kunststoffummanteltes Maschendrahtgeflecht eingräbt, das die Kleinna-ger abhält.

Die heute üblichen Folien sind etwa einen Millime-ter dick, meist schwarz, gelegentlich aber auch dunkelblau. Ihr Preis liegt zur Zeit zwischen DM 10,00 und DM 20,00 pro m², je nach Ausführung. Dies mag teuer erscheinen; Teiche aus Beton sind jedoch noch erheblich kostspieliger.

Am häufigsten werden zur Zeit Kunststoffolien be-nutzt. Die hauchdünnen Folien aus Polyäthylen sind zwar billig, für unseren Zweck jedoch ungeeig-net. Für den Gartenteich benötigen wir eine viel dickere Folie, die nicht so leicht von Pflanzenwur-zeln durchbohrt werden kann. Außerdem muß sie den Angriffen von Pilzen und Bakterien lange Zeit widerstehen können.

Auch das Tageslicht hat seine Tücken. Viele Folien werden durch die ultraviolette Strahlung zersetzt bzw. hart und brüchig. Die Folie muß daher ent-weder gegen solche Einflüsse stabilisiert sein, oder sie muß in tieferen Bodenschichten liegen.

Auf ein selteneres Problem soll in diesem Zusam-menhang auch noch aufmerksam gemacht werden. Das sind Mäuse, die die Folie für ein natürliches

. . . im August schon ist er völlig zugewuchert. Zahlreiche Wassertiere sind von selbst zugewandert.

Die Kunststoffolie wird entweder in fertigen Standardgrößen geliefert oder als zwei Meter breite Rollenwaren. Die fertig zugeschnittenen Planen sind entweder durch Hochfrequenznähte, durch Erhitzen oder durch ein spezielles Quellschweißmittel verbunden. Durch diese Chemikalie werden die meist aus PVC bestehenden Folien auf beiden Seiten der Klebenaht an der Oberfläche aufgelöst und dann durch möglichst festen Druck verbunden. Wenn solche Nähte sorgfältig verarbeitet sind, sind sie fast genauso schwer auseinanderzureißen, wie die Folie selbst.

Das Quellverschweißen ist in der Regel die einzige Möglichkeit, das als Meterware gelieferte Material selbst zu verarbeiten. Besonders bei strukturierten, unebenen Oberflächen kann es Probleme geben. Wer noch nie mit dem Material gearbeitet hat, sollte daher zunächst an einigen Abfallstücken einige Probenähte kleben und auf Haltbarkeit prüfen.

Wichtig: Vermeiden Sie es, die Dämpfe des Quellschweißmittels einzuatmen!

Wenn man die wasserstauende Schicht aus Beton herstellt, hat man zwar meist die dauerhaftere, aber auch die deutlich teurere Lösung gewählt.

Hinzu kommt, daß solche Betonbecken bei unsachgemäßer Konstruktion leicht auseinanderbrechen. Die Gefahr besteht besonders im Winter, wenn das Becken mit einer geschlossenen Eisdecke überzogen ist.

Je kälter das Eis wird, desto stärker dehnt es sich aus. Dabei werden ungeheure Kräfte frei. Wenn die Ufer eines solchen Beckens zu steil sind, so daß sich das Eis nicht nach oben wegdrücken kann, werden auch dicke Betonschichten auseinandergesprengt. Dagegen hilft auch nicht der Einbau von Stahlmatten, denn einen Riß im Beton können diese nicht verhindern. Am besten legt man nur sehr flache Ufer an und bedeckt sie mit einer mindestens zehn Zentimeter hohen Sandschicht. Damit kann man einen Teil des Druckes abfangen. Zusätzlich sollte man das Eis in kleinere Schollen zerschlagen.

Die Größe des Gartenteiches

Die untere Grenze muß man bei etwa 5 m² ansetzen. Je kleiner die Teiche werden, desto instabiler

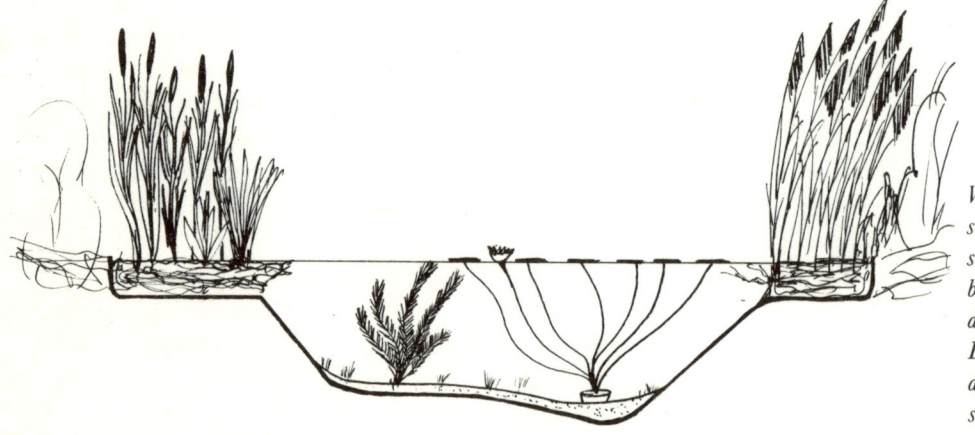

Wichtig für den Gartenteich sind breite Pflanzenterrassen, die ein natürliches Ufer bilden. Die schräg abfallenden Uferzonen sind nicht mit Erde bedeckt. Dadurch bleibt das Pflanzenwachstum eingeschränkt.

sind sie, desto leichter können z. B. Massenvermehrungen von Algen auftreten, Sauerstoffmangel oder die Anreicherung schädlicher Abbauprodukte. Nach oben werden dem Gewässer eigentlich nur zwei Grenzen gesetzt: Die eine Grenze ist identisch mit der ihres Grundstückes, die zweite Grenze zieht das Wasserwirtschaftsamt. Wenn Sie mit Ihrem Gartenteich innerhalb eines Trinkwasserschutzgebietes in größerem Umfang das Grundwasser freilegen, werden Sie mit Sicherheit Ärger bekommen. Gleiches werden Sie erleben, wenn Sie ohne Genehmigung einen Bach anzapfen und im ungünstigsten Falle anderen das Wasser abgraben. Auch größere Erdbewegungen sind in verschiedenen Bundesländern genehmigungspflichtig. Das gleiche gilt für die Anlage größerer Betonfunda-

Eine Übervermehrung der Algen, hervorgerufen durch zu nährstoffreichen Boden. Lehmiger Sand ist am besten.

mente, die, wenn schon nicht genehmigt, so doch zumindest angezeigt, also mitgeteilt werden müssen.

Erfahrungsgemäß liegen die meisten Gartenteiche in einer Größe zwischen fünf und einhundert Quadratmetern. Werden diese auf wasserundurchlässigem Grund angelegt und z. B. aus der Dachrinne gespeist, so haben Sie keine Schwierigkeiten zu erwarten. Kummer kann es eigentlich nur dann geben, wenn Sie ein solches Gewässer an einem Hang anlegen und durch einen theoretisch möglichen Dammbruch tiefliegende Grundstücke überschwemmt werden könnten.

Auch solche Sicherheitsaspekte sollten Sie bei der Anlage Ihres Gartenteiches berücksichtigen.

An diesem abgelassenen Teich ist zu sehen, daß die unterirdischen Rhizome keinen Halt im Boden finden.

Es beginnt mit einem Loch

Fast immer muß zur Anlage eines Gartenteiches ein Loch gegraben werden. Dies empfiehlt sich besonders in den Fällen, in denen Plastikfolie, Beton- oder Lehmschichten gegen Sickerverluste eingebaut werden müssen. Falls diese nicht auf gewachsenem Boden liegen, können sie durch den Wasserdruck und ungleichmäßige Bodensenkungen leicht zestört werden.

Das Loch sollte bereits in etwa der Form des Teiches entsprechen, allerdings größer sein als der spätere Teich. Dabei kann man auch in Erwägung ziehen, anstelle eines großen Teiches mehrere kleine zu bauen, was ökologisch günstiger ist.

In jedem Falle sollte der Boden des Gewässers mehrere Zentimeter hoch mit lehmigem Sand bedeckt werden, so daß die Pflanzen gedeihen können. Dies betrifft besonders die Uferzone, an der man die Folie fünfundzwanzig Zentimeter tief unter der späteren Oberfläche verlegt. An diesen Stellen werden dann die Wasserpflanzen eingesetzt. Die bewachsene Randzone ist biologisch besonders wichtig. Sie muß daher mindestens fünfzig Zentimeter breit sein und fast den gesamten Ufersaum des Teiches umfassen (siehe Zeichnung).

Der Weg zum Gleichgewicht

Wer in sein soweit fertiggestelltes Kleingewässer nun nährstoffreichen Gartenboden einfüllt, der wird sich darüber noch lange ärgern. So wie die Gartenpflanzen in nährstoffreichen Böden gut wachsen, so tun dies selbstverständlich auch die Wasserpflanzen. Aber nicht nur Rohrkolben und Binsen, sondern auch die Algen!

Die Spitzschlammschnecke ist ein wirksamer Verbündeter zur Bekämpfung der Algen.

Etwa im Mai wird das Wasser zur undurchsichtigen, grünen Brühe. Hervorgerufen wird dies durch einzellige Grünalgen, die das nährstoffreiche Wasser zu einer ungehemmten Massenvermehrung genutzt haben. Hinzu kommen auch noch watteähnlich vernetzte grüne Fadenalgen, die die ganze Oberfläche des Teiches bedecken können. Das Gewässer erlebt eine sogenannte Wasserblüte. Es ist

▶

Laubfrosch (oben) und Kreuzkröte (unten) sind in der freien Landschaft sehr selten geworden. Gartenteiche können zu ihrer Rettung beitragen.

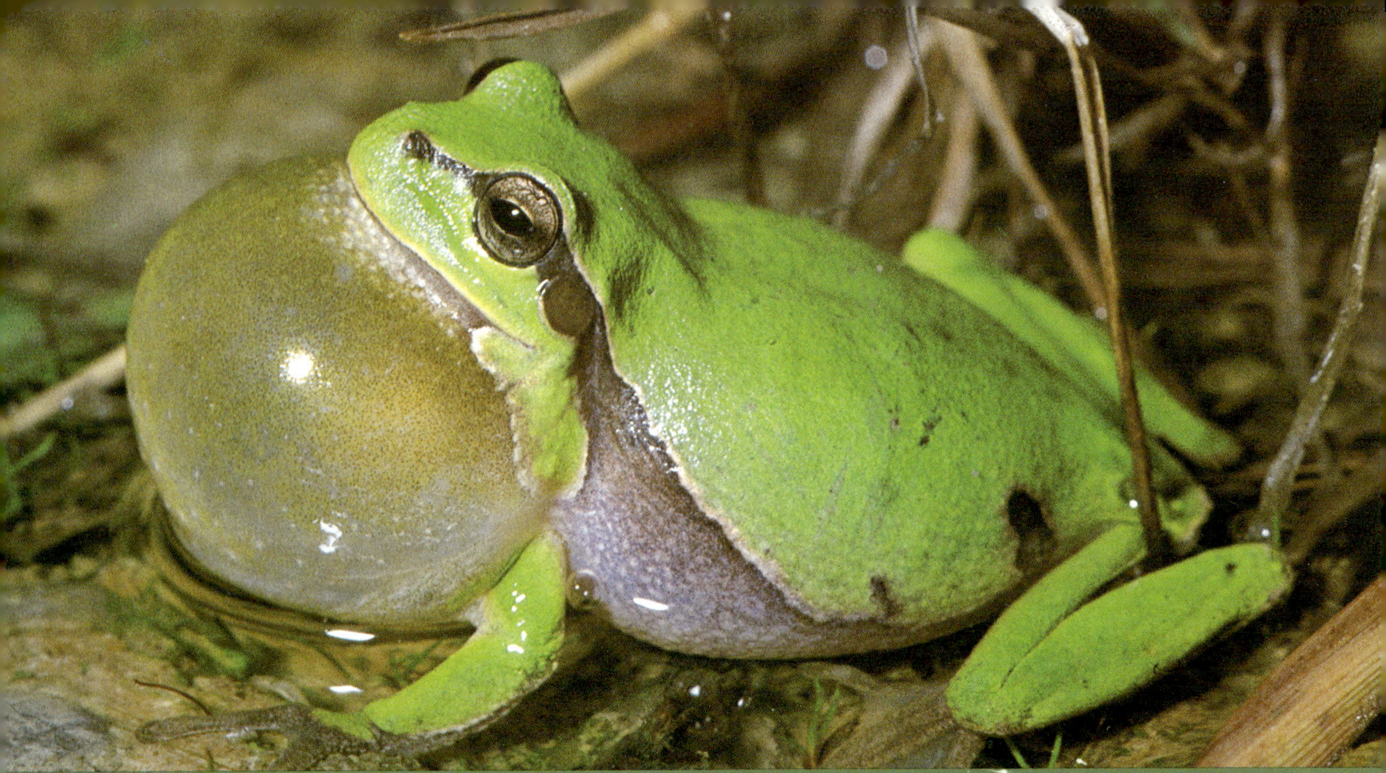

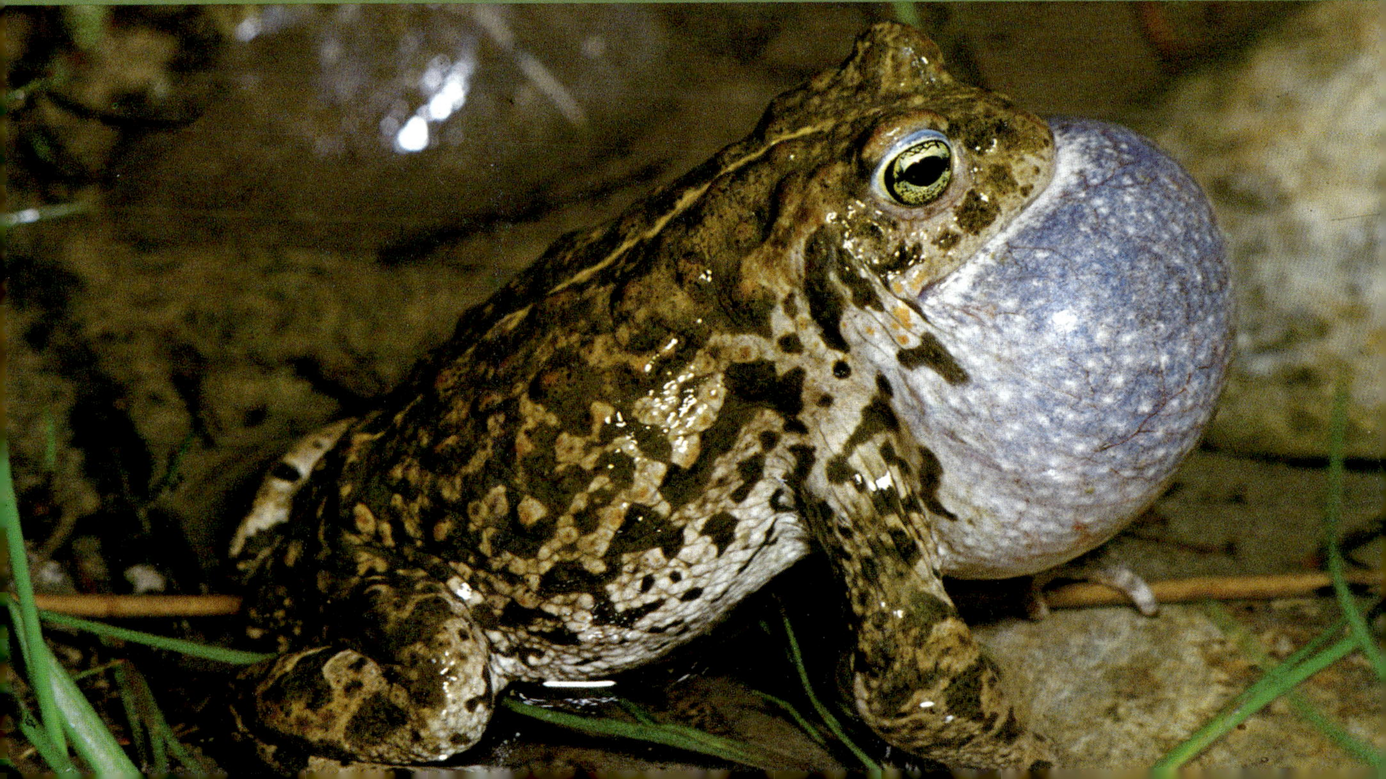

überdüngt und befindet sich aus diesem Grunde nicht in einem biologischen Gleichgewicht.
Was ist zu tun?
Zunächst einmal sollte der Gewässerboden nur aus einem nährstoffarmen Sand/Lehm-Gemisch bestehen. Durch die Ausscheidungen der im Wasser lebenden Tierarten und durch Tier- und Pflanzenreste wird das Gewässer ohnehin im Laufe der Zeit nährstoffreicher werden.
Sollte eine Wasserblüte dennoch auftreten, so kann man dreierlei Dinge tun. Die einfachste Lösung heißt Abwarten. Eine durch einzellige Schwebealgen hervorgerufene, gleichmäßige Grünfärbung des Wassers kann häufig über Nacht (im wahrsten Sinne des Wortes!) verschwinden. Mit Fadenalgen ist es etwas schwieriger, da sie oft so dicke Schichten bilden, daß sie unterhalb lebende Wasserpflanzen durch Lichtentzug zum Absterben bringen können. Falls dies zu befürchten ist, kann man einen Teil von ihnen abfischen. Man wird damit jedoch nur eine kurzfristige Besserung erreichen, denn die Algen wachsen rasch wieder nach. Besser ist es, algenfressende Tiere zu fördern, zu denen besonders die Spitzschlammschnecke und die Posthornschnecke gehören.
In nährstoffreichen Gewässern gibt es meist zweimal im Jahr eine Wasserblüte, im Mai und September. Sollte sich das Algenwachstum auch in der dazwischen liegenden Zeit fortsetzen, so muß man eingreifen. Eine aktuelle Notlösung ist die Ansäuerung des Wassers. Man füllt einen Sack mit Torf und hängt ihn in das Wasser. Dadurch werden Huminsäuren ausgeschwemmt, die das Algenwachstum blockieren.
Für diese Maßnahme darf natürlich auf keinen Fall Düngetorf verwendet werden, der mit wasserlöslichen Kunstdüngern angereichert worden ist. Leider steht inzwischen auf vielen Verpackungen die Bezeichnung Düngetorf, obwohl es sich um völlig normalen, unbehandelten Torf handelt.
Die Ansäuerung bleibt jedoch eine Notlösung. Wenn das Teichwasser derart stark gedüngt ist, wird sich bald schon auf dem Boden eine Faulschlammschicht ablagern, die zu einem starken Sauerstoffverlust des Gewässers führt. Falls man dies feststellt, sollte man von Zeit zu Zeit einen Teil des Gewässerbodens mit einer Pumpe absaugen.
Zu erwähnen sei noch, daß die Industrie inzwischen zwar Mittelchen bereit hält, um die Algen chemisch zu bekämpfen, damit wird jedoch nur an den Symptomen herumkuriert. Ein verantwortungsvoller, biologischer Gärtner verzichtet auf solche Chemikalien im Gartenteich.
Ein Problem, das sich früher oder später einstellt, sind die Wasserlinsen. Sie können die gesamte Oberfläche eines Gartenteiches innerhalb kürzester Zeit bedecken. Auch eine solche Massenentwicklung wird man nur in stark überdüngten Gewässern finden. Diese kleinen Schwimmpflanzen müssen mit einem Netz abgefischt werden.

Die Pflanzenwelt des Gartenteiches

Seinen besonderen Wert erhält der Gartenteich erst durch die richtige Bepflanzung. Ein wichtiger Teil der Wasserpflanzen wächst unterhalb der Wasseroberfläche und tritt kaum in Erscheinung. Dennoch sind sie wichtig, denn sie versorgen das

◄

Die gelbe Schwertlilie, die normalerweise in Sumpfwäldern vorkommt, ist eine sehr dekorative Pflanze für den Gartenteich.

Im Handel gibt es überwiegend exotische Seerosen. Für unseren Naturgarten sollten wir auf die einheimische Art bestehen.

Weit leuchten die roten Blüten des Blutweiderich – eine Zierde für jeden Gartenteich.

Wasser mit lebenswichtigem Sauerstoff. Als Unterwasserpflanzen eignen sich hervorragend die verschiedenen Laichkraut-Arten oder das Tausendblatt.

Einige wenige Arten wurzeln zwar am Gewässerboden, Blätter und Blüten erheben sich jedoch über die Wasseroberfläche. Bekannte Beispiele für diesen Pflanzentyp sind die weiße Seerose, die gelbe Teichrose sowie der Wasserknöterich.

Solche Arten werden am besten in einen geräumigen Blumentopf gepflanzt.

Die Mehrzahl der Pflanzenarten wächst im direkten Uferbereich. Sie stehen lediglich mit den Wurzeln im Wasser, der Rest der Pflanze erhebt sich oft meterhoch darüber hinaus. Bekannte Arten sind das Schilf, die verschiedenen Rohrkolbenarten, der Igelkolben, verschiedene Binsen und das Pfeilkraut etc. Sie sind sehr produktiv und können sich innerhalb kürzester Zeit ausbreiten. Das Schilf z. B. dringt mit seinen Wurzeln auch in Wassertiefen bis zwei Meter vor und könnte daher die üblichen Gartenteiche völlig überwuchern. Es gedeiht am besten in nährstoffarmen Gewässern. Bei überreichlichem Nährstoffangebot wird das Stützgewebe schwächer, die Halme knicken leichter um, werden auch nicht mehr so hoch und wachsen weniger dicht.

Beim Breitblättrigen Rohrkolben ist es genau umgekehrt. Diese Pflanze fühlt sich im nährstoffreichen Wasser am wohlsten und kann große Flachwasserzonen innerhalb kürzester Zeit besiedeln.

Beide Arten kann man jedoch relativ leicht unter Kontrolle halten. Die Pflanzung erfolgt auf einer flachen Pflanzterrasse, die nach der Füllung des Gartenteiches etwa zwanzig bis dreißig Zentimeter hoch überstaut ist. Entsprechend hoch ist die auf dieser Terrasse ausgebrachte Erdschicht, in die die Pflanzen eingesetzt werden. Vom Rand dieser Terrasse fällt der Boden zum tiefsten Teil des Gewässers steil ab. Dieser Hang sollte nicht oder nur dünn mit Erdmaterial bedeckt werden. Der Hang wirkt dann wie eine natürliche Barriere gegen zu starke Ausbreitung.

Dennoch ist es erforderlich, gelegentlich korrigierend einzugreifen. Der bei den meisten Pflanzenarten senkrecht wachsende Trieb, liegt sowohl beim Schilf als auch beim Rohrkolben waagerecht im Boden. Sichtbar von diesen Pflanzen sind also nur die Blätter. Der eigentliche Trieb, das sogenannte Rhizom, bleibt normalerweise verborgen. Falls sie jedoch, wie an dem eben beschriebenen Hang, keine Bodenschicht vorfinden, wachsen sie zur Oberfläche und können dort, am besten im Juni, leicht abgetrennt werden.

Das Einpflanzen selbst sollte möglichst in den Abendstunden geschehen, da Wasserpflanzen sehr empfindlich gegen Austrocknung sind. Schilf und Rohrkolben pflanzt man als jeweils etwas größeren Bestand zusammen, denn ihre Halme und Blätter stützen sich gegenseitig. Am besten werden solch große Pflanzen an die Nordseite des Gewässers gesetzt, damit sie es nicht beschatten. Seerosen fühlen sich nur dann wohl, wenn sie täglich fünf Stunden lang die Sonne genießen können.

Kleinere Pflanzen kann man praktisch überall einsetzen. Empfehlenswert sind einige (wenige) pflan-

Es gibt zahlreiche dekorative Schachtelhalm-Arten für die Sumpfzone.

Der Wasserknöterich gehört zu den Schwimmblattpflanzen.

zenfreie Stellen, durch die man das Leben im Teich beobachten kann. Falls das Gewässer gelegentlich zum Überlaufen gebracht wird, kann man auch weniger feuchtigkeitsabhängige Sumpfpflanzen in den direkt benachbarten Bereichen ansiedeln.

Das Pflanzenmaterial können Sie in entsprechend spezialisierten Gärtnereien erhalten. Entnahmen aus dem Freiland sind nur dann zulässig, wenn es sich um relativ häufige, nicht unter Naturschutz stehende Arten handelt.

Bei der Einrichtung Ihres Gewässers gehen Sie am besten so vor, daß Sie ein Feuchtgebiet aufsuchen, in dem diese Arten wildlebend vorkommen. Nehmen Sie von dort nur Pflanzen mit, die wirklich großflächige Bestände bilden. Am besten machen Sie zunächst – im Interesse des Naturschutzes – einen Test. Nehmen Sie von diesen häufig dort wachsenden Pflanzen einige wenige mit nach Hause und prüfen Sie, ob sie in Ihrem Gartenteich problemlos anwachsen. Nur wenn dies der Fall ist, können sie sich weitere Pflanzen holen. Achten Sie aber bitte darauf, daß Sie niemals mehr als höchstens fünf Prozent des Wildbestandes mitnehmen.

Die Bepflanzung braucht im ersten Jahr nicht dicht zu sein. Sie werden erstaunt sein, wie rasch sich die Wasserpflanzen vermehren. Nur eine natürlich gewachsene Randbepflanzung sieht hinterher auch natürlich aus.

Die Tierwelt des Gartenteiches

Räumen wir zunächst mit einem weit verbreiteten Vorurteil auf: die angebliche Stechmückenplage. Es gibt verschiedene Stechmückenarten in Deutschland. Am häufigsten ist die Gemeine Stechmücke, die sich in nur vierzehn Tagen vom Ei bis zum fertigen Insekt entwickeln kann. Sie lebt in allen möglichen Wasserpfützen, sehr gern in Regentonnen, wassergefüllten Eimern, ja sogar Blumenvasen. Die Larven sind leicht zu erkennen. Es sind etwa 5–10 Millimeter lange, stäbchenförmige Tiere, die mit einem schnorchelähnlichen Fortsatz des Hinterleibes an der Wasseroberfläche hängen. Bei der geringsten Störung schwimmen sie mit zuckenden Bewegungen in tiefere Wasserschichten hinab. Als Puppe, kurz vor dem Schlüpfen auftretend, sehen sie kugelähnlicher aus und zeigen bereits deutlich die Ansatzstellen der Flügel.

Es kann und soll nicht bestritten werden, daß auch in biologisch gesunden Gartenteichen ein paar Stechmücken überleben können. Das ist jedoch die Ausnahme, da zahlreichen Wasserinsekten ihre

Stechmückenlarven sind leicht daran zu erkennen, daß sie normalerweise mit einem Schnorchel an der Wasseroberfläche hängen.

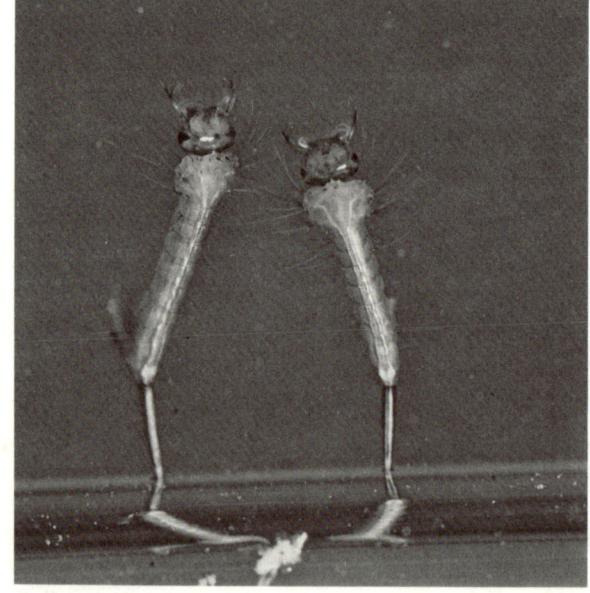

Es gibt etwa 70 verschiedene, farbenprächtige Libellenarten in Deutschland. Während der Paarung bilden sie, wie diese Federlibelle, das typische »Paarungsrad«.

Larven als Nahrung dienen. Wenn Sie unter Mückeneinflug leiden, ist es viel wahrscheinlicher, daß ein altes Wasserfaß, eine wassergefüllte Wagenspur oder dergleichen der Ausgangspunkt der Belästigung ist. Denken Sie dabei nicht nur an ihren eigenen Garten. Mücken können fliegend weite Strecken zurücklegen. Machen Sie daher gegebenenfalls auch Ihre Nachbarn auf deren Regenfässer aufmerksam.

Gelegentlich finden sie noch zwei andere Mückenlarven in Ihrem Teich. Bei den Larven der Büschelmücken werden Sie zunächst Schwierigkeiten haben, diese überhaupt zu sehen. Sie sind fast völlig durchsichtig. An ihrem Vorder- und Hinterende besitzen sie jeweils eine Gasblase, mit der sie im Wasser ihr Gleichgewicht halten. Die Larven leben in tieferen Schichten und schwimmen dort waage-

recht im Wasser. Die erwachsenen Büschelmücken stechen nicht!

Das gilt auch für eine weitere Mückenart, die besonders in nährstoffreichen Gartenteichen auftritt. Im Bodenschlamm des Gewässers finden Sie bis zwanzig Millimeter lange, rote Würmer, die Larven der Zuckmücken.

Allein von den Zuckmücken gibt es über eintausend verschiedene Arten, die man zum Teil noch nicht einmal mit dem Mikroskop, sondern nur durch Blutuntersuchungen bestimmen kann. Die Entwicklungszeit vom Ei bis zum fertigen Insekt kann bis zu vier Jahren dauern. Zuckmückenlarven sind Spezialisten für sauerstoffarme Faulschichten. Sollten sie daher in Ihrem Gewässer häufig auftreten, so ist das Gleichgewicht in Ihrem Gartenteich bereits gestört. Einige Dutzend Larven auf jedem Quadratmeter Boden sind normal. Spitzenwerte aus stark verunreinigten Gewässern liegen bei über zehntausend Larven pro Quadratmeter. Die erwachsenen Zuckmücken stechen nicht und nehmen auch sonst keine Nahrung auf. Stechmücken werden häufig zwar als Schnaken bezeichnet. Die richtigen Schnaken stechen jedoch nicht und wachsen als Larven auf Wiesen auf.

Und noch ein Vorurteil sei ausgeräumt: Schon bald nach der Einrichtung werden sich an Ihrem Gartenteich Libellen einstellen. Auch Libellen stechen nicht. Sie durchstreifen vielmehr den ganzen Garten auf der Jagd nach fliegenden Insekten. Auch Libellen können Sie also wirksam in die biologische Schädlingsbekämpfung integrieren.

Erwähnt seien einige weitere Insektenarten, die Sie regelmäßig in Ihrem Gartenteich finden können: Auf der Wasseroberfläche huschen Wasserläufer entlang. Sie leben von Fluginsekten, die auf die Wasseroberfläche fallen. Von diesen Wasserläufern gibt es mehrere verschiedene Arten.

Besonders reichhaltig ist das Tierleben auch direkt unterhalb der Wasseroberfläche. Viele Tiere besitzen an ihrem Körper ein schnorchelähnliches Gebilde, mit dem sie die Wasseroberfläche durchstoßen und den Sauerstoff aus der Luft atmen. Zu diesen Tieren gehört z. B. die Stabwanze, der Wasserskorpion sowie verschiedene Larven von Wasserkäfern. Sie alle sind Beutegreifer, die stundenlang auf der Lauer liegen und auf eine günstige Gelegenheit warten. Die Opfer werden dann ergriffen, mit einem Gift gelähmt und ausgesaugt.

Besonders der Gelbrandkäfer ist berüchtigt. Seine Larven fressen was sie kriegen können und machen dabei auch vor eigenen Geschwistern nicht halt. Die erwachsenen Käfer können selbst Stichlinge überwältigen. Gelegentlich wird empfohlen, solche räuberischen Gelbrandkäfer herauszufangen und an anderer Stelle auszusetzen. Viel Sinn hat eine solche Maßnahme nicht, denn ein gesundes Gewässer kann Gelbrandkäfer durchaus verkraften, bei Nahrungsmangel werden sie schon von selbst weiterfliegen. Man sollte sie daher nur dann entfernen, wenn die Kaulquappen seltener Amphibien im Wasser leben.

Wasserflöhe

Ihren irreführenden Namen haben die Wasserflöhe aufgrund ihrer ruckartigen, sprunghaften Fortbewegung erhalten. Sie sind überhaupt nicht mit den Flöhen verwandt, sondern gehören zu den Krebsen. Schon nach kurzer Zeit stellen sie sich in dem Gartenteich ein. Sie ernähren sich in erster Linie von kleinen, einzelligen Schwebealgen, die in nährstoffreichen Gewässern eine Wasserblüte verursachen können. Wasserflöhe sind daher Teil der biologischen Selbstregulation eines solchen Gewässers.

Um mit der raschen Vermehrung der Algen Schritt zu halten, können sich die Wasserflöhe mit großer Geschwindigkeit fortpflanzen. Während der Sommermonate gibt es fast nur Weibchen in den Gewässern. Sie produzieren zahllose Eier, ohne daß diese von einem männlichen Wasserfloh befruchtet werden müßten. Aus den Eiern schlüpfen wieder nur Weibchen, die sich ebenfalls auf diese ungeschlechtliche Weise fortpflanzen. Innerhalb kürzester Zeit können sich daher die Wasserflöhe explosionsartig vermehren.

Wenn das Wasser dann wieder kälter wird oder die Wasserflöhe im Freiland durch das Austrocknen ihres Tümpels immer mehr aufeinanderrücken müssen, beginnen die Weibchen mit der Bildung von Eiern, aus denen auch Männchen schlüpfen. Erst jetzt, unter diesen ungünstiger werdenden Bedingungen, findet wieder eine geschlechtliche Fortpflanzung statt, bei der besonders hartschalige Dauereier entstehen, die im Schlamm eine lange Trockenzeit oder tiefe Wintertemperaturen überstehen können. Es gibt zahlreiche, verschiedene Wasserflaharten, die größten können einen Durchmesser von fünf Millimetern erreichen.

Sehr nahe Verwandte der Wasserflöhe sind die Hüpferlinge. Die größeren Arten erreichen eine Länge von drei Millimetern und tragen meist am Hinterleib ihres Körpers zwei Eiersäcke.

Noch zwei weitere Krebsarten sind regelmäßig in Gartenteichen zu finden. Am Boden sehr schlammiger und sauerstoffarmer Gewässer lebt die Wasserassel, die etwa einen Zentimeter lang wird. Ebenso kann man dort Flohkrebse finden, die eine Länge von 20 Millimetern erreichen. Oft sieht man zwei aneinandergeklammerte Tiere. Das größere ist das Männchen, das sich bereits acht Tage vor der eigentlichen Begattung auf dem Rücken des Weibchens festklammert.

Amphibien sind besonders wichtig

Es gibt wohl nur wenige Tiergruppen, die so sehr unter der Zerstörung ihres natürlichen Lebensraumes zu leiden haben, wie die Amphibien. Praktisch alle Arten stehen auf der Roten Liste, viele sind bereits großflächig ausgerottet. Ein naturnaher Gartenteich kann für diese Tiere zur Überlebensfrage werden.

Die einzelnen Amphibien sind in sehr unterschiedlichem Maße an das Wasser gebunden. Der grüne Wasserfrosch lebt ganzjährig an den Gewässern. Er atmet zum größten Teil durch die Haut, weshalb sie ständig feucht gehalten werden muß. Durch seine enge Bindung ans Wasser ist er auch tagsüber häufig zu beobachten. Während der sonnenarmen Stunden sitzt er möglichst versteckt zwischen Wasserpflanzen. Sobald die Sonne reichlicher scheint, kriecht er aus dem Wasser heraus und sonnt sich. Häufig ist zu beobachten, daß mehrere Wasserfrösche dabei eng zusammenrücken. Dieser Platz an der Sonne kann während des Tages mehrfach gewechselt werden, je nach Sonneneinfall. Man wird diese bevorzugten Ruheplätze schnell kennenlernen, auch die Frösche können aufmerksame Naturbeobachter bald individuell unterscheiden.

Zunächst springen sie bei Annäherung noch erschreckt ins Wasser, werden dann jedoch bald zutraulicher.

Und noch ein Tip zum Thema Frösche: Legen Sie im Uferbereich auf einen flach, aus dem Wasser ragenden Stein gelegentlich ein wenig Fleisch- oder Obstabfälle. Wenn diese in der Sonne faulen, ziehen sie Fliegen an, die sich darauf niederlassen. Die Frösche merken das sehr schnell. Sie sammeln sich in der Nähe dieser Futterstelle und erbeuten die Fliegen mit gewaltigen Luftsprüngen.

Der grüne Wasserfrosch wandert relativ viel. Er

Die Verwandtschaftsverhältnisse der »Grünfrösche« sind sehr kompliziert. Oft bilden nahe verwandte Arten Mischlinge, die nur sehr schwer zu unterscheiden sind.

wird sich also eines Tages von selbst an ihrem Gartenteich ansiedeln. Es kann jedoch sein, daß er nur für wenige Wochen oder Monate bleibt, wenn ihm die Lebensbedingungen nicht zusagen. Nur an größeren, relativ störungsfreien Teichen, die mindestens zehn Quadratmeter groß sind, kann man längerfristig mit ihm rechnen.

Von den nahen Verwandten dieses grünen Wasserfrosches wird man am ehesten noch den braunen Grasfrosch kennenlernen. Er ist deutlich weniger ans Wasser gebunden, als sein grüner Vetter und wandert meist nur während der Nachtstunden umher. Da er bereitwillig auch in neu entstandenen, kleinen Gewässern ablaicht, wird man ihn am schnellsten dauerhaft ansiedeln können.

Eine weitere, sehr wichtige Gruppe der Amphibien

Am Gartenteich wird man häufiger die braun-gelben Grasfrösche antreffen, die sich bei der Paarung so fest zusammenklammern, daß sie sich auch durch den Menschen nicht stören lassen. Ihre Jungen, die Kaulquappen, leben wie die jungen Molche (unten) monatelang im Wasser und besitzen Kiemen.

sind die Molche. Es gibt mehrere verschiedene Arten, die teilweise nur im Berg- oder im Flachland anzutreffen sind. Sie suchen das Gewässer nur während einiger weniger Frühjahrswochen auf und wandern während des restlichen Jahres nachts umher. Auch die verschiedenen Molcharten siedeln sich, wie der Grasfrosch, leicht von selbst an.

Viel schwieriger ist dies bei der Erdkröte, der häufigsten Krötenart. Sie ist unglaublich stark an das Gewässer gebunden, in dem sie selbst geschlüpft ist. Alljährlich kehren die Erdkröten zu diesen Stellen zurück, auch dann, wenn das Gewässer längst trockengelegt und eingeebnet worden ist. Häufig ist schon beobachtet worden, daß sie ihre Eier dort eher ins nasse Gras ablegen, als ein nicht weit entferntes, neues Gewässer aufzusuchen.

Darüber hinaus legen die Erdkröten in der Regel Wert auf größere Gewässer, an Miniteichen wird man sie kaum mit Erfolg ansiedeln können. Die Erdkröte gehört in einem biologischen Garten zu den wichtigsten Helfern. Sie vertilgt Schnecken, Raupen und zahlreiche Insekten, so daß man für die Erdkröten geeignete Tagesverstecke schaffen sollte, damit sie sich im Garten lange halten. Am besten eignen sich dafür Steinhöhlen oder auch flach eingegrabene Blumentöpfe im Innern von Stein- und Reisighaufen.

Neben diesen häufigsten Arten kann man gelegentlich noch andere Amphibien beobachten. In kalten Gewässern des Berglandes, möglichst Quellteichen, findet man im Frühjahr gelegentlich Feuersalamander.

Ein sehr merkwürdiger Gast ist die Geburtshelferkröte, die ihren Laich längere Zeit mit sich herumträgt und ihn erst kurz vor dem Schlüpfen der Jungen in ein Gewässer bringt. Dabei werden notfalls auch kleinste, eingegrabene Badewannen akzeptiert.

Alle Amphibien sind ganzjährig geschützt. Auch ihr Laich darf nicht aus der freien Natur entnommen werden. Eine Ausnahme kann dann gemacht werden, wenn der Laich durch Austrocknung, Baumaßnahmen etc. gefährdet ist. Falls es mit der Selbstbesiedlung ihres Gewässers aus irgendwelchen Gründen nicht klappt, setzen Sie sich am besten mit dem lokalen Naturschutzverein in Kontakt. Es gibt fast in jeder Stadt Vertreter des Deutschen Bundes für Vogelschutz, die sich auch intensiv um die Amphibien kümmern. Ist Ihr Teich ausreichend naturnah, wird man Ihnen sicherlich gern Hilfestellung leisten.

Fische gehören nicht in den Gartenteich

Fische sind zweifellos ein Teil der heimischen Natur. Auch für sie müßte daher eigentlich ein Platz im Naturgarten reserviert sein. Dies ist im Prinzip richtig, doch die Aufteilung in Fried- und Raubfische ist nicht ganz korrekt. Praktisch alle Arten ernähren sich von anderen Tieren, sind also Beutegreifer im wahrsten Sinne des Wortes. Die meisten Gewässer sind für Amphibien ungeeignet, weil dort Fische leben, die den Laich der Kröten, Frösche und Molche sofort auffressen. In einem Kleingewässer verhält sich jeder Fisch wie der sprichwörtliche Hecht im Karpfenteich. Man sollte daher in den Gartenteich keine Fische einsetzen. Die wirklich bedrohten Fischarten lassen sich dort ohnehin kaum halten.
Der Verzicht auf Fische fällt nicht schwer. Die buntschillernden, insektenjagenden Libellen und die vielen jungen Frösche, die ebenfalls den Garten auf der Suche nach Eßbarem durchstreifen, sind im biologischen Garten viel wichtiger.

Die Wasserversorgung – oft ein Problem

An den meisten Stellen Mitteleuropas regnet es so viel, daß die Verdunstung mehr als ausgeglichen wird. Im Sommer kann es jedoch im Gartenteich zu starken Verdunstungsverlusten kommen, so daß der Wasserspiegel rapide sinkt.
Am besten ist es, wenn Sie das Kleingewässer an Ihre Regenrinne anschließen. Das Wasser wird auf diese Weise gesammelt und in den Teich geleitet. Problematisch ist dies lediglich im Bereich der Industrieregionen. Die Luft kann dort so schmutzig sein, daß mit dem Regenwasser tödliche Giftmengen in das Kleingewässer gelangen. In solchen Fällen hilft man sich besser mit Wasser aus der Leitung.
Es ist völlig falsch, das Wasser mit einem harten Strahl direkt in den Gartenteich zu leiten. Am besten hat sich bewährt, auf den Teich eine von innen feuchte Plastiktüte zu legen, in der sich zahlreiche Luftblasen befinden, so daß sie auf der Oberfläche treibt. Darauf lenkt man den Wasserstrahl, der so breit verteilt wird und keine starke Strömung verursacht.

Vom Einheitsrasen zur Blumenwiese

Warum ist es wohl so einfach, künstlichen Rasen aus Plastik herzustellen? Weil die mit viel Aufwand gepflegten Grasflächen so »schön« gleichmäßig sind, daß man den Unterschied zum Plastikrasen nur bei näherer Betrachtung merkt. Der meist nur aus einer einzigen Pflanzenart bestehende Rasen, ist das genaue Gegenteil der natürlichen Vielfalt.

Eine farbenprächtige Blumenwiese – welch ein Unterschied zum sterilen Einheitsrasen!

Die Industrie freut sich darüber, denn um einen solchen Rasen zu erhalten, muß ein beträchtlicher Aufwand betrieben werden. Das fängt bei einem teuren Rasenmäher an und hört bei Spezialdüngern und Spritzmitteln auf, die auch den geringsten Ansatz vielfältigeren Pflanzenlebens im Keim ersticken. Über etliche Jahre gerechnet, verschlingt ein größerer Kunstrasen einige tausend Mark.

Die biologisch sinnvollere Lösung ist nicht der Rasen, sondern die artenreiche Blumenwiese. Auch dieser Lebensraum zahlreicher Tiere und Pflanzen ist in den letzten Jahrzehnten immer seltener geworden. Es gibt zwar auch heute noch Wiesen und Weiden in der Landwirtschaft, doch diese sind oft genauso künstlich, wie die sterilen Rasenflächen. Die meisten landwirtschaftlichen Grünflächen, werden mit Pflanzenarten eingesät, die für das Vieh besonders gut verwertbar sind.

Früher war das anders. Da mähte man die Wiesen zweimal im Jahr und überließ sie ansonsten der natürlichen Entwicklung. An das Ergebnis werden sich viele noch erinnern können:

Eine Vielzahl buntschillernder Käfer, farbenprächtiger Falter, zirpender Heuschrecken und summender Bienen und Hummeln. Die heutigen Grünlandflächen haben mit der ursprünglichen Vielfalt nur wenig gemein. Heuschrecken und Schmetterlinge sind fast völlig verschwunden, Käfer, Bienen und Hummeln bis auf Restbestände zusammengeschmolzen.

Eine provisorische Rettung waren die Feldraine, die einen Teil der Verluste ausgleichen konnten. Durch die Flurbereinigung und den verstärkten landwirtschaftlichen Wegebau sind sie jedoch inzwischen fast völlig verschwunden, so daß auch hier Naturgärten einen wertvollen Ausgleich schaffen können.

Eine vielfältige Blumenwiese spart nicht nur Geld und Arbeit, sie kann auch genauso gut betreten werden, wie ein normaler Rasen. Am besten legt man sie in direkter Nachbarschaft der Naturhecke an. Auf diese Weise kann man den besten Übergang zum Nutzgarten schaffen.

Der Scheckenfalter, eine sehr farbenprächtige Art, der durch die Vielfalt im Garten geholfen wird. Ihr Lebensraum schrumpft in der freien Natur von Tag zu Tag.

Die verschiedenen Wiesentypen

Das Aussehen einer Wiese, vor allen Dingen ihr Artenreichtum, hängt vom Nährstoffgehalt des Bodens und von der Häufigkeit des Mähens ab. Es gibt viele Pflanzenarten, die einen Schnitt pro Jahr vertragen. Die Zahl derjenigen Pflanzen, die zweimal im Jahr abgemäht werden können, ist bereits deutlich geringer und wenn noch häufiger gemäht werden soll, bleibt außer Gras wirklich nicht mehr sehr viel übrig.

Wenn man eine solche Wiese überhaupt nicht mähen würde, so würden zunächst größere Stauden entstehen, bald würden sich Büsche ansiedeln und die Wiese würde sich innerhalb weniger Jahre in einen kleinen Wald verwandeln. Diese natürliche Aufeinanderfolge der Pflanzen, die sogenannte Sukzession, muß daher gestört werden, wenn man eine sogenannte Dauerwiese erhalten will. Die Störung sollte jedoch so gering wie möglich sein, so daß man im Idealfall nur einmal pro Jahr mäht, um den Aufwuchs größerer Pflanzen zu verhindern.

Dies ist jedoch in der Regel nur dann möglich, wenn der Boden relativ nährstoffarm ist, so daß die Pflanzen langsamer wachsen. Auf einer solchen, sogenannten Magerwiese, reicht ein einziger Schnitt, am besten im Juli, völlig aus.

In den meisten Gärten gibt es jedoch einen relativ humusreichen Boden, der eine sogenannte Fett-

Auch die Käfer gehören zu den Verbündeten im Garten. Hier hat ein Weichkäfer eine Schnake gefangen, deren Larven auf Grünflächen die Wurzeln benagen.

Sie sollten eine Magerwiese nicht in direkter Nachbarschaft von Obstbäumen anlegen. Diese verlangen einen nährstoffreichen Boden und würden durch die unmittelbare Nähe einer Magerwiese an Ertrag verlieren.

Die Anlage einer Dauerwiese

Man kann es so machen wie die Landwirte früher. Die haben nämlich einfach gewartet, bis die Natur selbst die richtige Zusammensetzung der Wiese bestimmt hat. Dies kann jedoch ein Jahrzehnt und länger dauern, so daß meist zu fertigen Saatgutmischungen gegriffen wird, um artenreiche Dauerwiesen rascher entstehen zu lassen. Die Sache hat jedoch zwei Haken:

Auf vielen Saatguttüten kann man zwar nachlesen, daß es sich bei dem Inhalt um einheimische Blütenpflanzen handelt, häufig findet man dann jedoch irgendwelche Exoten in seiner Wiese.

Andererseits hat die beste Saatgutmischung keinen Sinn, wenn man wegen des nährstoffreichen Bodens zweimal jährlich mähen muß, so daß sich die teuer gekauften Pflanzen ohnehin nicht halten werden.

Die beste Lösung ist sicherlich, wenn man sich von seinen Spaziergängen Samen und Früchte mit nach Hause nimmt und auf der Dauerwiese ausbringt. Gehören die Pflanzen dort hin, so werden sie sich halten, ist dies nicht der Fall, kann man sich weitere Versuche sparen. Durch ein solches Verfahren läßt sich die Geschwindigkeit der Besiedlung durch neue Arten erheblich abkürzen.

Wer seinen Garten in einem Neubaugebiet anlegt, kann von vornherein darauf achten, daß der Boden, auf dem die Blumenwiese entstehen soll, relativ nährstoffarm ist. Die Humusschicht sollte nicht

wiese wachsen läßt. Diese muß dann zweimal im Jahr gemäht werden, notfalls sogar dreimal. Das abgemähte Gras darf man nicht liegen lassen, sondern verwendet es für den Komposthaufen oder zum Mulchen. Dadurch werden dem Boden ständig Nährstoffe entzogen. Langsam entwickelt sich die Fettwiese zur Magerwiese.

Ein Ziel der Naturgartenplanung ist also die nährstoffarme Magerwiese, die nur einmal im Jahr gemäht zu werden braucht.

Falls man die Wiese häufiger betreten will, kann man selbstverständlich auch eine Magerwiese öfter als einmal mähen. Darunter leidet allerdings der Artenreichtum erheblich.

Eine Einschränkung muß noch gemacht werden:

Die Pioniere – Pflanzen auf Stein und Sand

Je nährstoffärmer der Boden, desto spärlicher das Pflanzenwachstum. Diese Grundregel stimmt zwar, doch Pflanzen auf nährstoffarmen Böden sind nicht zwangsläufig auch unscheinbare Küm-

Ein spannender Augenblick: Ein bunter Schmetterling, ein Tag-pfauenauge, erblickt das Licht der Welt.

Der Mauerpfeffer. Es gibt zahlreiche ähnliche Arten, die sich hervorragend zur Bepflanzung von Steinwällen, Mauern etc. eignen.

dicker als fünf bis zehn Zentimeter sein. Der Boden kann auch ruhig reichlich Steine enthalten.
Je nährstoffärmer der Boden ist, desto langsamer wachsen die Wiesenpflanzen. Man muß seltener mähen, wodurch sich mehr verschiedene Pflanzen-arten halten können. Größere Vielfalt unter den Pflanzen führt zu einer größeren Vielfalt unter den Tieren.

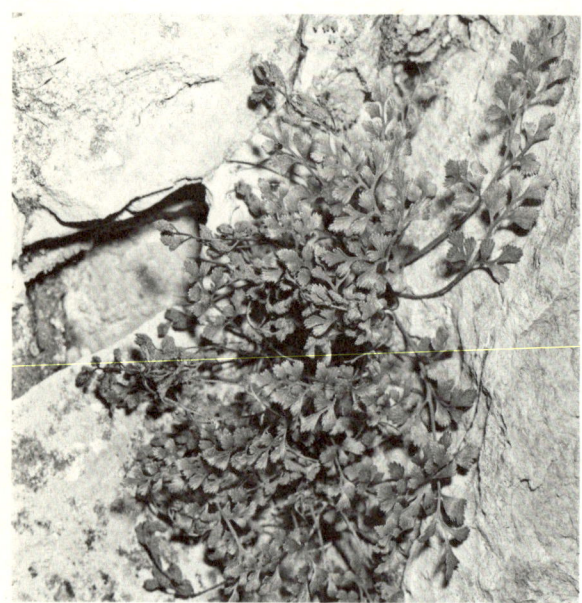

Die Mondraute ist eine Pflanze aus der Verwandtschaft der Farne, die sich auf das Leben in Mauerfugen spezialisiert hat.

merlinge. Steingärten sind gerade deshalb so beliebt, weil die dort wachsenden Pflanzen besonders farbenprächtig sind.

Solche nährstoffarmen Bereiche bieten sich selbstverständlich auch für den Naturgarten an. Wer ein unebenes Grundstück besitzt, wird häufig Mauern ziehen müssen. Betonmauern sind Fremdkörper in einem Naturgarten! Besser sind lebende Mauern:

Zwei verschiedene Mauertypen können unterschieden werden. Die einen sind sehr breit und bestehen aus locker geschichteten Steinen, gleichen also eher einem großen Steinhaufen. Die zahlreichen Hohlräume sind von großer biologischer Wichtigkeit, da sie von zahlreichen Tieren als Versteck genutzt werden.

In einer solchen Mauer werden sich leider nur relativ wenige Pflanzen halten, da sie vom Grundwasser abgeschnitten sind. In größere Spalten kann man jedoch Erde einbringen und Moose ansiedeln, die zusammen mit den zu erwartenden Flechten einen eindrucksvollen Bewuchs bilden können. Auch die Ansiedlung von Mauerpfeffer sollte man versuchen, der mit seinen dichten, gelben Polstern, sehr dekorativ wirkt.

An anderen Stellen kann man schmalere Mauern errichten, bei denen die einzelnen Steine durch möglichst humusarmen Boden getrennt sind. Eine solche Mauer ist sehr stabil und kann Jahrzehnte halten. Sie wird durch den dahinter liegenden Boden regelmäßig mit Feuchtigkeit versorgt, so daß sich in ihren Fugen zahlreiche Arten halten, die in dem Steinwall nicht überleben könnten. Zur Besiedlung bieten sich z. B. verschiedene Farnkräuter an.

Wie auch in anderen Fällen, so wird man sich auch hier am besten das Pflanzenmaterial selbst beschaffen. Man sucht in der freien Natur die Stellen, deren Lebensbedingungen denjenigen im eigenen Garten vergleichbar sind. Dort entnimmt man von den häufig vorkommenden Pflanzen zunächst einige wenige Exemplare, die man probeweise einpflanzt. Wachsen sie gut an, so kann man sich noch ein paar mehr holen (ohne den Bestand zu gefährden!).

Zwischen Wald und Wiese

Viele natürliche Lebensräume haben wir bis jetzt auf unseren Naturgarten übertragen:
Die Hecke steht vertretend für die Lebensgemeinschaft des Waldrandes. Der Gartenteich für die

Kleingewässer in der Landschaft, die Naturwiese für die Vielfalt alten Grünlandes und der Feldraine, die Steinhaufen und Steinmauern für felsiges Bergland. Für die Lebensgemeinschaft an Fließgewässern, in Hochmooren und Heiden können wir im Naturgarten in der Regel nichts tun.

Doch ein Lebensraumtyp fehlt uns noch und der stellt besondere Anforderungen an das Durchhaltevermögen des Naturgärtners. Es ist der Übergangszeitraum zwischen Wiese und Wald, der durch das Wachstum hoher Stauden gekennzeichnet ist.

Bei der Wiese wurde bereits darauf hingewiesen, daß sie sich ohne laufende Eingriffe des Menschen, allmählich in Buschland und später in Wald umwandeln würde.

Der Fingerhut ist ein typisches Staudengewächs, das in einem Naturgarten sehr dekorativ wirkt. Die Pflanze ist in hoher Dosis ein schweres Gift, in geringer Konzentration ein Heilmittel – wie viele Pflanzen.

Wenn nicht mehr gemäht würde, würden sich dauerhafte Stauden ausbilden, die die vorher dort wachsenden Wildkräuter überwuchern, überschatten und zum Absterben bringen würden. Es würde also genau die Entwicklung eintreten, die auf einem Kahlschlag zu beobachten ist.

Solche Hochstauden machen einen Naturgarten besonders attraktiv. Sie sind nicht nur besonders farbenprächtig, sondern ziehen auch viele wunderschön gefärbte Käfer und Schmetterlinge an, die man sonst heute kaum noch zu Gesicht bekommt. Viele dieser Pflanzenarten, z. B. die Disteln, produzieren auch reichlich Samen – ein idealer Futterplatz für Vögel im Winter.

Die Pflege einer solchen Übergangsvegetation ist allerdings sehr zeitaufwendig. Bereits im zweiten Jahr findet man die ersten Gehölze. Läßt man sie wachsen, so werden die Hochstauden rasch überwuchert und gehen ein. Sich ansiedelnde Bäume und Sträucher müssen daher regelmäßig entfernt werden. Dies muß frühzeitig geschehen, weil die Wurzelreste einiger Arten, z. B. des Schwarzdorns, sonst immer wieder ausschlagen. Gelegentlich bietet sich auch eine Radikalkur an. Die gesamte Vegetation wird auf einem kleinen Teil des Schlages restlos entfernt, wodurch wieder neue Startbedingungen geschaffen werden. Die entstandene Lücke wird durch die restlichen vorhandenen Pflanzen sehr schnell wieder besiedelt.

Auch bei diesem Lebensraum versorgt man sich mit Pflanzenmaterial am besten aus der freien Landschaft. Man kann sich entweder Samen mitbringen oder merkt sich die Position interessanter Pflanzen, die man dann im Herbst oder Winter ausgräbt. Auch hier sind seltene, besonders die geschützten Pflanzen in ihrer natürlichen Umgebung zu belassen.

Der alte Baum

Wer alte Obstbäume im Garten hat, der sollte gut nachdenken, bevor er sich leichten Herzens von ihnen trennt.

Oft haben die Obstbäume große, hohle Stellen, in denen zahlreiche Vögel nisten.

Eine Vogelart, die ganz besonders darauf angewiesen ist, ist der Steinkauz. Er verliert immer mehr Brutplätze, weil die alten Bäume von jungen, angeblich ertragreicheren Sorten verdrängt werden.

Notfalls kann man ihm mit einer künstlichen Niströhre helfen.

Die Tiere im Garten

Das Bild eines Gartens wird zwar in erster Linie durch seine Pflanzen bestimmt, Tiere sind jedoch für die Lebensgemeinschaft genauso wichtig. Oft sind Tiere auf bestimmte Pflanzenarten spezialisiert, und können, wenn es sich um Kulturpflanzen handelt, dann zu sogenannten Schädlingen werden. In einer vielfältigen Wildnis wird dies nie geschehen. Wenn sich eine Tierart stark vermehrt, so vermehren sich auch gleichzeitig ihre natürlichen Feinde.

Je vielfältiger ein Lebensraum, ein sogenannter Biotop, aufgebaut ist, um so besser ist sein biologisches Gleichgewicht. In einem Naturgarten und einem biologisch bebauten Nutzgarten, herrscht jene Vielfalt, welche die Massenvermehrung einzelner Arten verhindert. Eine Schlüsselstellung kommt dabei den Tierarten zu, die besonders wichtige Regulatoren sind. Dazu gehören z. B. die Vögel, verschiedene Säugetiere, vor allen Dingen Igel und Spitzmäuse, unter den Amphibien die Erdkröte sowie verschiedene Insektenarten. Es würde zu weit führen, sie alle in diesem Buch ausführlich zu besprechen. Wir beschränken uns daher auf die Tierarten, die man durch gezielte Hilfsmaßnahmen fördern kann.

◀

Ein Steinkauz schaut aus seiner Baumhöhle. Ob man seinen alten Apfelbaum wohl stehen läßt?

▶

Auch der Siebenschläfer gehört zu den Tieren, für die Löcher in alten Bäumen überlebenswichtig sind.

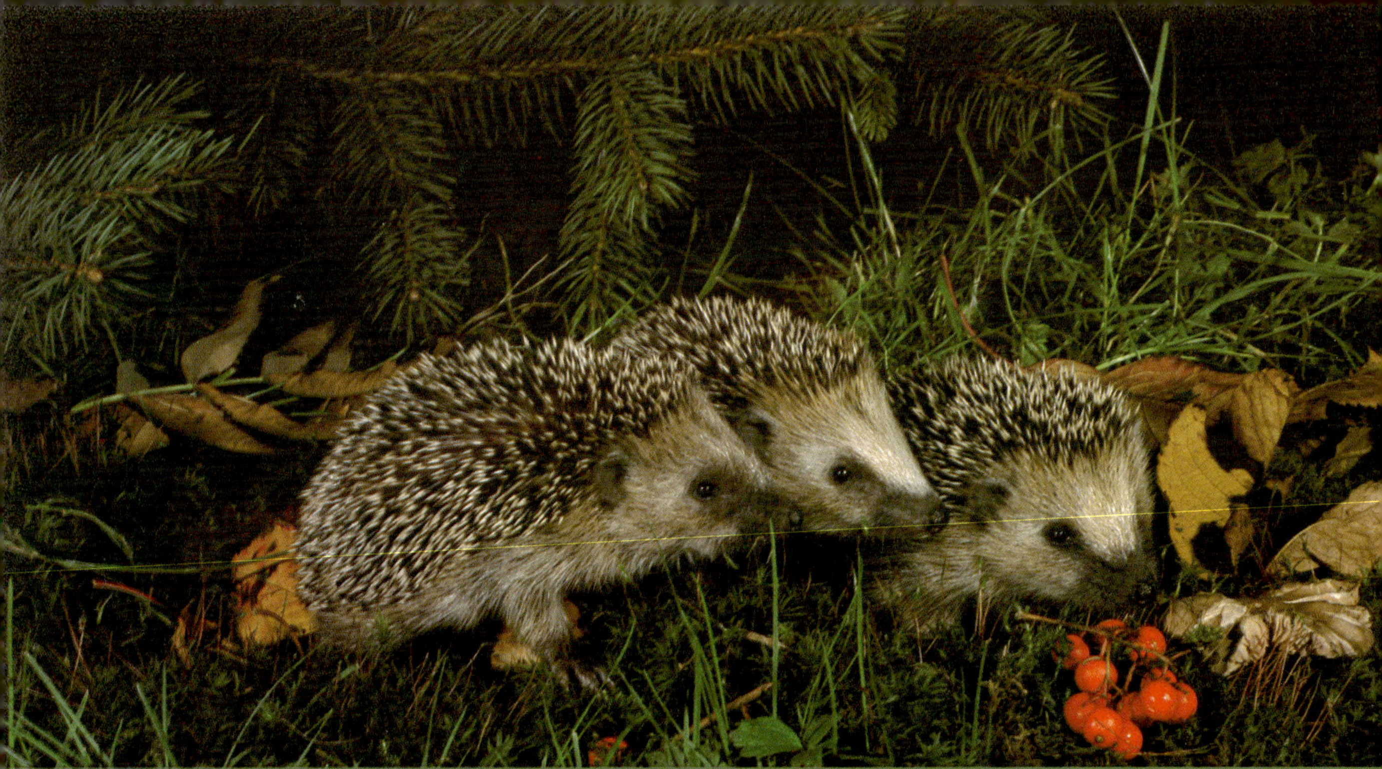

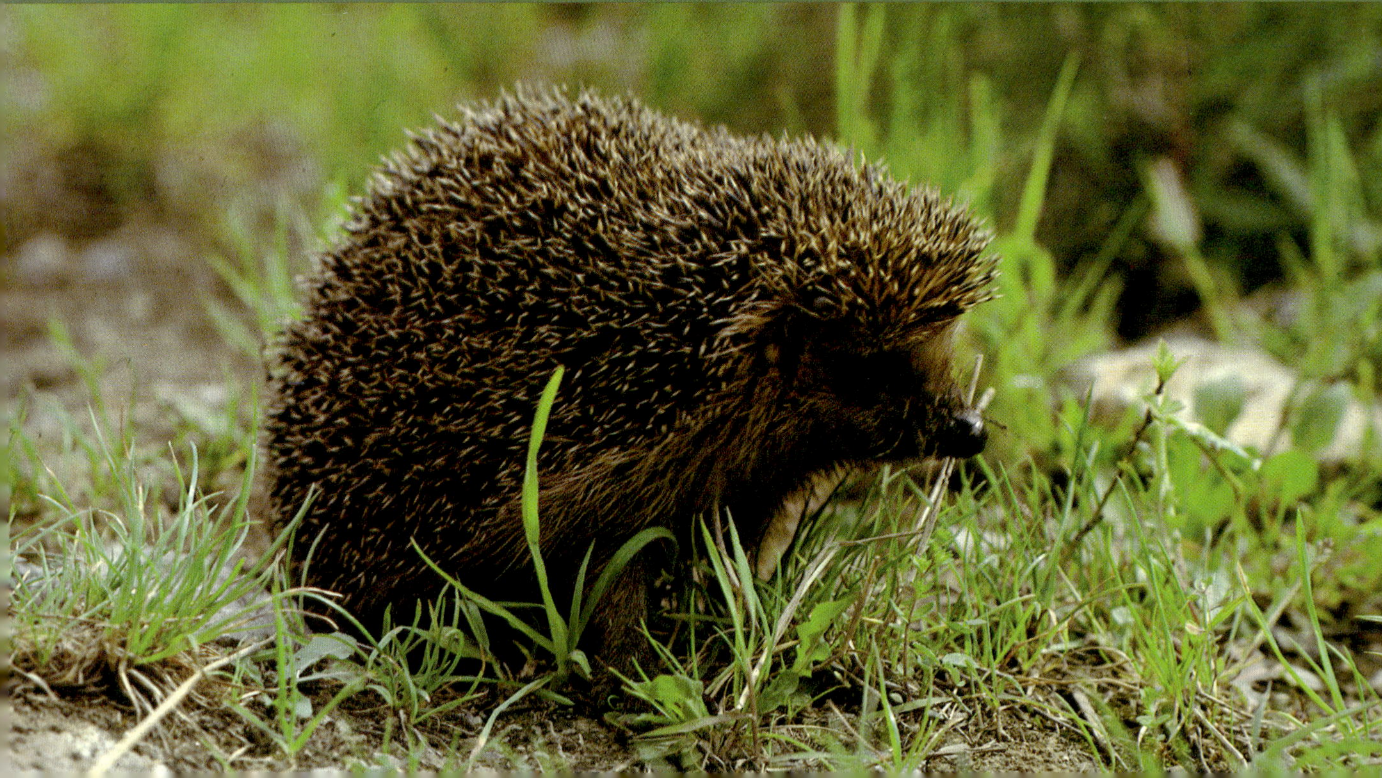

Der Igel

Dieser stachelige Geselle macht deutlich, daß alles im Leben seine Licht- und Schattenseiten hat. Er frißt zwar große Mengen an Schnecken, verschmäht aber auch Frösche, Kröten, Regenwürmer und Laufkäfer nicht. Er zeigt deutlich, daß eine Einteilung in nützliche und schädliche Tiere eine künstliche Einteilung ist. Sie hat mit den Lebensbedingungen in der freien Natur nicht viel gemein. Obwohl also der Igel gelegentlich auch einmal frißt, was uns schützenswert und nützlich erscheint, sollten wir ihn fördern, wo wir können.

Dies darf keinesfalls mit der berühmten Schale Milch geschehen, die einige zahm und entsprechend berühmt gewordene Igel allabendlich auf der Terrasse ausschlecken. Die Milch schmeckt den Igeln zwar hervorragend, doch sie bekommen davon schwere Verdauungsstörungen. Die Aufzählung der Nahrungstiere hat es bereits deutlich gemacht, Igel sind Fleischfresser, jede andere Nahrung ist Gift für sie.

Das Revier eines Igels ist mehrere tausend Quadratmeter groß. Man darf daher Igel nicht in umzäunten Gärten halten, dies würde auch dem Naturschutzgesetz widersprechen. Auch das Aussetzen von Igeln im eigenen Garten ist sinnlos. Es werden zwar viele durch Autos überfahren, sie sind jedoch immer noch häufig genug, um auf ihren Wanderungen auch einmal Ihren Garten kennenzulernen. Wenn er ihnen gefällt, werden sie von

selbst bleiben. Mit Gewalt ist da nichts zu machen.

Die Familienplanung der Igel läßt gelegentlich zu wünschen übrig. Oft werden junge Igel noch sehr spät im Jahr geboren, so daß sie im Oktober noch sehr klein und leicht sind. Solche Igelbabys haben keine Chance, den Winter zu überstehen. Wiegen sie Ende Oktober noch unter siebenhundert oder achthundert Gramm, sollten Sie sich dieser jungen Igel annehmen. Sie müssen zunächst noch eine Zeit lang gefüttert werden, bis sie etwa neunhundert Gramm wiegen.

Die Pflege der Igelkinder beginnt zunächst einmal mit einer umfassenden Entlausung. Igel können sich wegen ihres Stachelkleides nicht kratzen, weshalb Flöhe und Läuse wie im Paradies leben. Da man sich so etwas nur ungern in die Wohnung holt, bleibt trotz aller Abneigung gegen chemische Insektenmittel eigentlich nur der Griff zu einem Flohpulver oder Spray, mit dem der Igel zu behandeln ist. Dabei ist das Gesicht unbedingt abzudecken!

Von zentraler Wichtigkeit ist die Ernährung. Falls Igel kein artgemäßes Futter erhalten, treten oft nach wenigen Wochen Lähmungen auf, die zum Tod des Tieres führen. Schon von Anfang an, muß daher eine Grundsatzentscheidung gefällt werden. Entweder man nimmt den Igel auf (und das kostet dann etwa DM 15,– pro Monat), oder man gibt ihn an jemanden weiter, der diese Aufgabe übernehmen möchte. Vielfache Erfahrung hat gezeigt: das zweitbeste Futter ist schlechter als gar kein Futter, denn es führt nur zu einem langsamen Tod des Igels.

Das Futter läßt sich leicht gleichzeitig für mehrere Tage vorbereiten. Man kauft 500 Gramm mageres Hackfleisch und fügt einen gehäuften Eßlöffel vitaminierten Futterkalk hinzu. Zusätzlich wird ein knapper Eßlöffel Leinöl oder gutes Speiseöl einge-

◄

Das wehrhafte Stachelkleid täuscht: Igel sind besonders nette Helfer im Garten. Manchmal bringen sie ihren ganzen Nachwuchs mit (oben).

rührt sowie eine Handvoll Futterhaferflocken. Außerdem kann man eine Handvoll käufliches Igelfutter untermischen, oder aber auch eine entsprechende Menge sogenannter Hundeflocken.

Nachdem man alles gut vermengt hat, werden etwa fünfunddreißig Gramm schwere Bällchen geformt, die auf einer Folie gefroren und dann bis zum Gebrauch in der Kühltruhe aufbewahrt werden.

Regelmäßig braucht der Igel dann noch frisches Wasser, sowie hartes Futter, damit sich keine Zahnmißbildungen ergeben. Sehr geeignet dafür ist gepreßtes Katzenfutter. Wenn die Unterbringung in einem normalen Zimmer erfolgt (Teppichboden ist nicht zu empfehlen!), sollte man dem Igel eine flache Kiste mit Erde zur Verfügung stellen, in der er sein tägliches Geschäft erledigt. Er ist dann recht stubenrein. Als Behausung stellt man ihm einen Karton zu Verfügung, der die Grundfläche einer normalen Schreibmaschinenseite hat und etwa zwanzig Zentimeter hoch ist. An einer Seite wird ein Loch eingeschnitten, durch das der Igel ein- und ausgehen kann. Zunächst füllt man den Karton selbst mit zusammengeknülltem Zeitungspapier, später kann man dem Igel das Papier vor die Wohnung legen, er zieht es dann selbst hinein.

Sobald er ein Gewicht von achthundertfünfzig bis neunhundert Gramm erreicht hat, beginnt er, auf seine bislang regelmäßigen Ausflüge zu verzichten. Dann wird es Zeit, ihn mit seiner gut gepolsterten Behausung in einen kühlen, aber möglichst frostfreien Raum zu bringen, wo er den Rest des Winters verschläft.

Die Spitzmäuse

Es gibt mehrere verschiedene Arten, von denen die seltenste wohl die Wasserspitzmaus ist, die sich un-

ter günstigen Bedingungen auch an dem Gartenteich einstellen kann. Spitzmäuse sind reine Insektenfresser. Sie haben einen ungeheuer hohen Energiebedarf, so daß sie ständig auf der Jagd nach Insekten sind. Sie müssen täglich mehr als das eigene Gewicht verzehren, um überleben zu können. Manche Arten, wie die Zwergspitzmaus, können schon innerhalb weniger Stunden verhungern.

Spitzmäuse gehören zu den wirkungsvollsten Helfern des biologischen Gärtners. Sie werden am besten durch einen vielfältig gestalteten Garten mit einzelnen Reisighaufen gefördert.

Der Maulwurf

Wer sich im Garten um einen teppichähnlichen Rasen bemüht, der wird den Maulwurf als Stören-

Der Maulwurf – häufig zu Unrecht verfolgt. Er ist der natürliche Verbündete des Bio-Gärtners.

fried empfinden. Doch der Maulwurf ist wichtig für den Garten. Durch seine unterirdische Wühlarbeit wird der Boden aufgelockert und durchlüftet. Der Maulwurf muß täglich eine Nahrungsmenge zu sich nehmen, die seinem eigenen Gewicht entspricht. In erster Linie handelt es sich dabei um Engerlinge, Würmer, Nacktschnecken, aber auch um Jungmäuse, deren Nester er gelegentlich plündert. Wenn ein Rasen von vielen Maulwurfshaufen überdeckt ist, dann ist das, biologisch gesehen, eigentlich ein gutes Zeichen. Der Maulwurf bekämpft damit eine Massenvermehrung von Engerlingen, die den Rasen ohnehin schädigen würden.

Auf einer blumenreichen Dauerwiese wird der Maulwurf eine so reichliche Nahrung niemals finden und entsprechend spärlicher vertreten sein. Seine Haufen fallen dort auch nicht so stark auf.

Dennoch: Wer ihn nicht mag, sollte nicht versu-chen, ihn mit Gift und Fallen zu töten. Es reichen einige petroleumgetränkte Lappen, die man in seinen Gang steckt, um ihn dauerhaft zu vertreiben.

Nistkästen für Meisen

Die Vögel, die wohl am meisten von künstlichen Nisthilfen profitieren, sind die Meisen. Insgesamt 7 verschiedene Arten sind mehr oder weniger häufig als Bewohner der Nistkästen zu finden. Alle brüten normalerweise in Baumhöhlen, seltener auch in Felslöchern, den großen, alten Reisighorsten von Greifvögeln oder gar, wie die Tannenmeise, gelegentlich in Mäuselöchern im Boden.

Alle Meisen haben verschiedene Techniken der Nestbearbeitung entwickelt. Weiden-, Sumpf- und Haubenmeisen haben beispielsweise gelernt, sich nach Art der Spechte im weichem Holz morscher

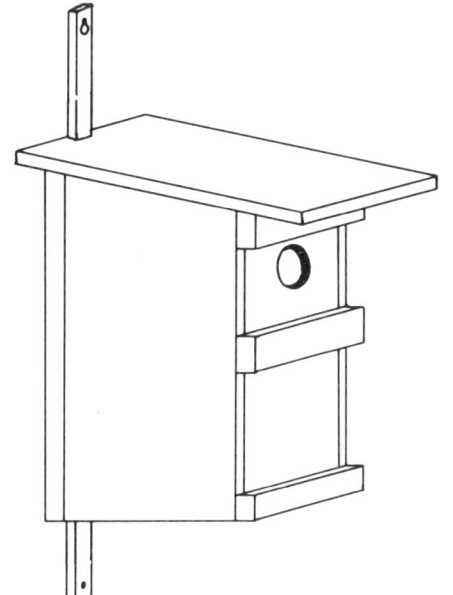

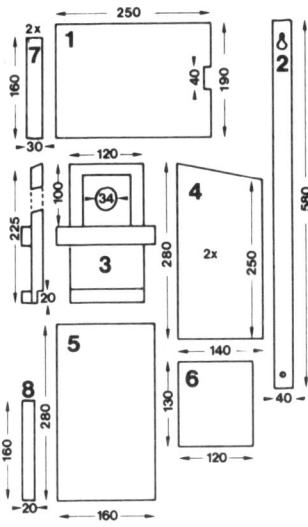

Dieser Nistkastentyp hat sich sehr bewährt. Die Vorderfront kann nach oben geschoben werden, rutscht dann über den unteren Querstab und kann dann abgenommen werden. Für die Blaumeise reicht auch bereits ein Einflugloch von 26 mm Durchmesser.

Die Kohlmeise – die bei uns häufigste Meisenart. Sie nimmt bereitwillig unsere Nistkästen an und brütet oft zweimal pro Jahr.

Bäume selbst ihre Löcher zu zimmern oder vorhandene Baumhöhlen artgerecht auszubauen. Der Kleiber, der lieber bereits vorhandene Höhlen bezieht, kann mit Lehm und anderen Baumaterialien das oft zu große Einflugloch so zumauern, daß er so gerade noch durchschlüpfen kann. Diese Vorsichtsmaßnahme bekommen nicht nur die Beutegreifer zu spüren, die die Kleiber auf diese Weise wesentlich schlechter erbeuten können. Die besondere Maßarbeit wird auch für die jungen Kleiber zum Problem, die von ihren Eltern so gut gefüttert werden, daß sie eine Zeitlang gar nicht durch das Loch passen. Erst wenn die Kleinen am Ende der Nestlingszeit immer lebhafter in ihrer Baumhöhle oder im Nistkasten herumkriechen, bekommen sie die »schlanke Linie«, die sie brauchen, um mehr von

der Welt zu sehen als nur den Lichtstrahl, der durch das maßgeschneiderte Einflugloch fällt.

Das Nest selbst wird bei den meisten Meisenarten aus Moos, Flechten, kleinen Wurzeln oder Pflanzenfasern gebaut, wobei auch noch Spinnweben zur Hilfe genommen werden. Auf diesen Unterbau kommt dann noch ein Polster aus Haaren von Rehen, Hasen und anderen Tieren, gelegentlich auch eigenen Federn.

Nur Weidenmeisen und Kleiber weichen stark von dieser Bauart ab. Beide benutzen anstelle des Mooses lieber kleine Holzstücke, der Kleiber sogar vorzugsweise Kiefernrinde. Die Arbeit beim Bau des Nestes hat übrigens das Weibchen, nur beim Kleiber hilft auch der Mann gelegentlich beim Mauern.

Der Zeitpunkt des Brutbeginns ist nicht allgemeingültig anzugeben. Im Süden beginnen die Meisen viel früher als im Norden mit der Brut. Ab Ende März brüten schon die Kohlmeisen, bis Anfang Mai legen dann auch die meisten anderen Arten ihre Eier.

Die Zahl der Brut schwankt. Kohl- und Blaumeisen machen im Süden und Westen meist nur eine, im Norden und Osten unseres Landes hingegen meist zwei Bruten. Bei der Haubenmeise ist es genau umgekehrt. Mit zwei Bruten kann man auch bei der Tannenmeise rechnen, gelegentlich auch bei der Sumpfmeise und beim Kleiber.

Das Brutgeschäft selbst wird ebenfalls vom Weibchen besorgt, das in dieser Zeit vom Männchen gefüttert wird. Die Brutdauer beträgt durchschnittlich zwei Wochen, eine weitere Woche dauert es meist, bis die Jungen die Augen öffnen. Die Aufzucht besorgen beide Partner gemeinsam, doch kann besonders in der Anfangsphase das Männchen schwerpunktmäßig »im Außendienst« beschäftigt sein, während das Weibchen noch die

Jungen hudert und vom Männchen das Futter übernimmt, um die Kleinen selbst zu füttern.
2 ½ bis 3 Wochen nach dem Schlüpfen verlassen die jungen Meisen dann erstmals das Nest, nur beim Kleiber dauert es noch ein paar Tage länger. Auf die Hilfe der Eltern können sich die jungen Meisen weitere 8 bis 14 Tage verlassen, dann stehen sie voll auf ihren eigenen Beinen und müssen mit ihrem Leben allein fertigwerden.

Der Gartenrotschwanz

Während die bislang vorgestellten Vogelarten mit kleinen Einfluglöchern von 32 mm Durchmesser auskommen (nur der Wendehals hat es manchmal

Der Gartenrotschwanz braucht eine größere Einflugöffnung. Gegen Beutegreifer kann man die Nisthilfe durch Maschendraht sichern.

gern etwas größer), lernen wir jetzt Vögel kennen, die es etwas heller mögen. Sollte ein Specht beispielsweise den mühsam gezimmerten Nistkasten weiter bearbeitet haben, so daß das Licht nicht mehr nur durch das Flugloch, sondern auch noch an allen möglichen anderen Stellen hereinfällt, so finden wir gelegentlich das Nest des Gartenrotschwanzes in dem Kasten. Wir können seinem Wunsch nach etwas mehr Licht natürlich auch von vornherein Rechnung tragen, indem wir ein größeres ovales Loch von ca. 30 × 45 mm in die Vorderwand bohren.

Das ebenfalls von dem Weibchen gebaute Nest besteht aus trockenem Gras, Moos, Pflanzenwurzeln und -fasern und wird mit Haaren und Federn gepolstert. Auf die erste Brut, mit der ab Anfang Mai gerechnet werden kann, folgt meist noch eine zweite. Durchschnittlich 6 bis 7 Eier werden jeweils ausgebrütet. Erst wenn nach 13 bis 14 Tagen die Jungen schlüpfen, beteiligt sich auch das Männchen wieder regelmäßig am Brutgeschäft. Etwa 2 Wochen lang transportieren beide Eltern unermüdlich Futter heran, bis der Nachwuchs flügge ist.

Die Fliegenschnäpper

Zwei nahverwandte Arten gibt es in Deutschland: den Trauerschnäpper, der den größten Teil des Landes bewohnt und den Halsbandschnäpper, der seine Hauptverbreitung eher in süd- und osteuropäischen Ländern hat.
In Bayern und Baden-Württemberg grenzen die beiden Verbreitungsgebiete aneinander und nur dort kann man entsprechend Trauer- und Halsbandschnäpper nebeneinander beobachten. Die Nester unterscheiden sich praktisch nicht. Gras-

halme, Blätter und ähnliches Material bildet den Unterbau und auch das »Polster«. Die 5 bis 7 Eier werden rund 14 Tage lang vom Weibchen bebrütet, das sich dann noch weitere 2 Wochen überwiegend um die Jungen kümmert, bis diese das Nest verlassen können.

Am Ende der Brutzeit wird man an den Wänden des Nistkastens bei diesen beiden Vogelarten übrigens zahlreiche weiße Flecken feststellen können. Es handelt sich dabei um Spuren des Kotes, den die Jungen erst einmal an die Wand kleben, bis die Eltern ihn abtransportieren.

Der Wendehals

Die von den Meisen besiedelten weitgehend geschlossenen Nistkästen werden auch noch von einigen anderen Vogelarten gern angenommen. Ein besonders interessanter Bewohner ist der Wendehals, der sich nicht nur dadurch auszeichnet, daß er auch geradezu auf abenteuerliche Weise den Kopf verdrehen kann. Er verhält sich auch besonders rücksichtslos, wenn eine ihm attraktiv erscheinende Nisthöhle schon von anderen Vögeln besiedelt worden ist. Im Zweifelsfalle gilt für ihn das »Faustrecht«: Eier und Teile des Nestes seiner »Vormieter« werden kurzerhand hinausgeworfen.

Als echtes »Rauhbein« interessiert ihn auch die Bequemlichkeit des Nestes wenig. Er legt die Eier eher auf den nackten Boden, als auch nur einen einzigen Halm zu transportieren.

Die meist 7 bis 10 Eier werden in der Regel vom Weibchen 12 bis 14 Tage lang bebrütet. Männchen und Weibchen füttern gemeinsam die Jungen knapp 3 Wochen lang mit Ameisen und deren Puppen, bis die Kleinen das Nest verlassen können. Gelegentlich findet dann auch noch eine zweite Brut statt.

Der Wendehals ist übrigens weniger mit den Meisen als vielmehr mit den Spechten verwandt. Besonders im Nordwesten unseres Landes hat er in den letzten Jahren stark abgenommen, so daß sein Schutz besonders wichtig ist.

Die Baumläufer

Wenn man sieht, wie plötzlich ein »Stück Rinde« anfängt, in Spiralen einen Baum hinauf zu klettern, dann kann man sicher sein, einen der gut getarnten Baumläufer vor sich zu haben. Man muß schon einige Erfahrung mitbringen, um festzustellen, daß

Der Baumläufernistkasten besitzt keine Rückwand. Boden und Dach sind an ihrem hinteren Rand halbkreisförmig ausgeschnitten und liegen daher eng am Baum an.

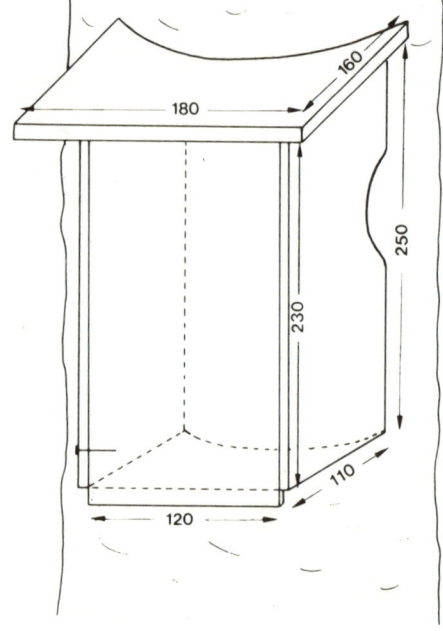

Die beiden bei uns vorkommenden Baumläuferarten kann man leicht übersehen. Ihr Rückengefieder sieht der Baumrinde zum Verwechseln ähnlich.

Baumläufer nicht gleich Baumläufer ist. Zwei verschiedene Arten gibt es bei uns, die sich eher durch ihren Gesang unterscheiden als durch ihr Aussehen: den Gartenbaumläufer und den Waldbaumläufer. Da sie sehr eng miteinander verwandt sind, unterscheiden sich auch ihre Nester kaum voneinander. Normalerweise bauen sie es an alten Bäumen hinter abstehender Rinde. Deshalb beginnen

sie stets mit einer Unterlage aus sperrigen Zweigen, die das Nest gegen Absturz sichern. Anschließend folgt eine Schicht aus kleineren Zweigen, Wurzeln, Moos oder Gras mit einem Polster aus Federn und Wolle. In gleicher Weise entsteht dieses Nest auch in künstlichen Nistkästen, die gern angenommen werden, falls die Seitenwand in Stammnähe einen länglichen, senkrechten Schlitz aufweist.

Beide Arten legen normalerweise zwischen 5 bis 7 Eier, die vom Weibchen etwa 2 Wochen lang bebrütet werden.

Vorsicht ist bei Nestkontrollen geboten, denn Baumläufer sind sehr störungsempfindlich! Normalerweise verlassen die Jungen die Höhle im Alter von 2 bis 2 ½ Wochen.

Der Steinkauz

Früher, so berichten alte griechische Schriften, hatte die Stadtgöttin von Athen den Steinkauz in ihr Herz geschlossen. Die Aufmerksamkeit jener Dame muß allerdings in den letzten Jahrtausenden erheblich nachgelassen haben, denn die Lage für deren Schützling ist heute alles andere als rosig. Als moderne Schutzengel von heute erweisen sich Vogelschützer, die dieser kleinen Eulenart mit künstlichen Nisthilfen ein Überleben ermöglichen. Normalerweise brüten Steinkäuze in Baumlöchern, wie sie in alten Obstbäumen oder Kopfweiden zu finden sind. Die rapide fortschreitende Vernichtung dieser alten, anscheinend nutzlosen Bäume sowie die Umwandlung der von den Steinkäuzen hochgeschätzten Wiesen und Weiden in Ackerland hat dem kleinen Kerl einen Platz in der Roten Liste der bedrohten Vögel eingebracht.

Doch das läßt sich ändern, denn Steinkäuze, das haben umfangreiche Schutzprogramme gezeigt,

Als Nisthilfe für den ▶ Steinkauz haben sich röhrenförmige Kästen bewährt. Am einfachsten stellt man sie aus Latten her, die auf ausreichend dicke Holzscheiben genagelt werden. Am vorderen Eingang befinden sich zwei Scheiben mit versetzten Eingangslöchern, die wie eine Schleuse wirken und Marder etc. abhalten.

Der Steinkauz lebt am liebsten in der Nähe von Grünlandgebieten. Regenwürmer gehören zu seiner Lieblingsspeise. ▼

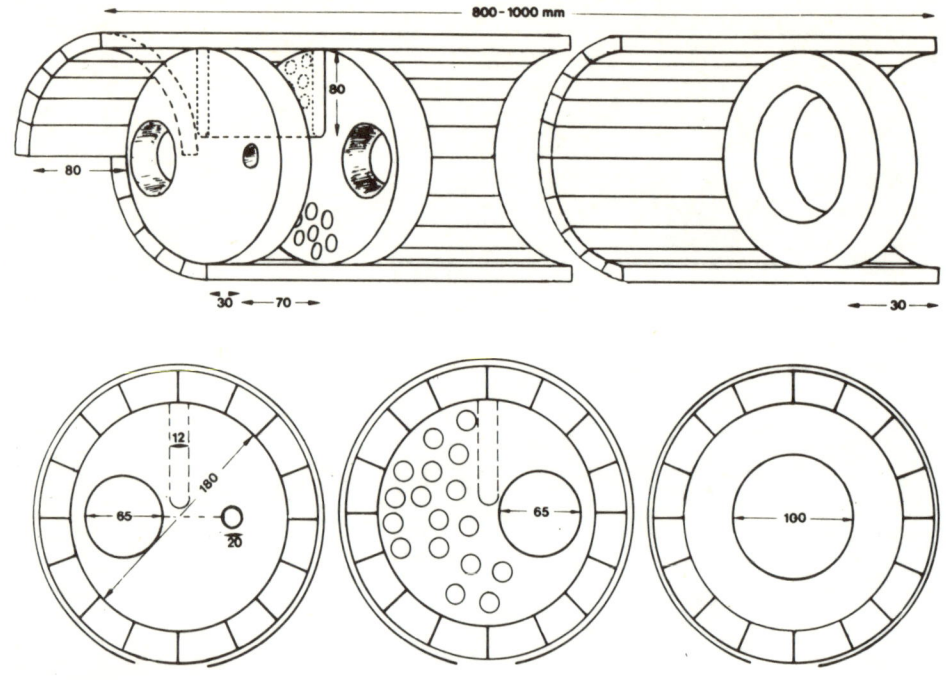

ziehen bereitwillig in künstliche Niströhren um. Im Laufe der Jahre hat sich ein Nistkastentyp bewährt, der vor den meisten Naturhöhlen sogar noch einen ganz wichtigen Vorzug hat: er ist mardersicher und kann dadurch schmerzliche Verluste verhindern. In diese rundliche Röhre, die inzwischen in zahlreichen Obstbäumen und Kopfweiden hängt, legt der Steinkauz ab Ende April/Anfang Mai meist 4 bis 5 Eier in mehreren Tagen. 28 bis 29 Tage lang brütet das Weibchen, mit dem

▶

Der Star wird in vielen Gärten besonders zur Kirschenzeit zum Problem. Da sein Bestand nicht gefährdet ist, sollte man ihn daher nicht noch zusätzlich durch Nistkästen fördern.

ersten Ei beginnend. Die entsprechend ungleich alten Jungen werden 4 Wochen lang von den Altvögeln gefüttert, wobei der Steinkauz neben Mäusen vor allen Dingen auch Regenwürmer und Insekten fängt.

4 Wochen nach dem Schlüpfen beginnen die Jungen an ihrem Brutbaum herumzuklettern. Eine weitere Woche dauert es noch, bis sie voll flugfähig sind.

Nisthilfen für Freibrüter

In einem Naturgarten werden besonders in den Hecken ausreichend dichte Stellen vorhanden sein, an denen freibrütende Vögel ihr Nest anlegen können. Sollte dies (noch) nicht der Fall sein, so kann man mit einfachen Mitteln dennoch eine wirksame Hilfe leisten:

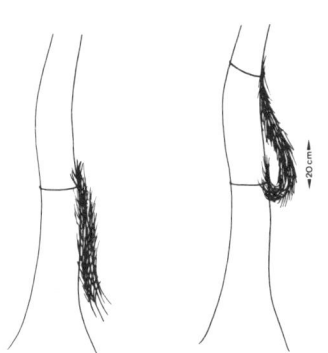

So kann man mit geringem Aufwand eine Nisttasche herstellen. Die Zweige werden zunächst unten festgebunden, dann nach oben geschlagen und dort ebenfalls befestigt.

◀

So sieht ein sinnvoller Futterplatz aus! Das Futter bleibt immer sauber und hygienisch einwandfrei. Die Kohlmeise, aber auch andere Meisen, haben keine Schwierigkeiten, es zu erreichen.

Zur Herstellung eines Nistquirls können einige benachbarte Sträucher über Kreuz zusammengebunden werden.

Aus Ginster-, Kieferzweigen etc. kann man an einem Baum eine Nisttasche anbringen, die gern von Vögeln angenommen wird. Eine andere, vielpraktizierte Möglichkeit besteht darin, einige nebeneinanderstehende Sträucher so zusammenzubinden, daß ein sogenannter Nistquirl entsteht.

Sehr gern werden auch Reisighaufen angenommen, die man, falls mit streunenden Hunden oder Katzen zu rechnen ist, mit einem Maschendrahtgeflecht umgeben kann. Reisighaufen sind auch wichtige Schlaf- und Überwinterungsplätze für Igel und Spitzmäuse.

Die Winterfütterung der Vögel – ein umstrittenes Thema

Um es gleich am Anfang zu sagen:
Durch unsachgemäße Vogelfütterung im Winter, sterben wahrscheinlich mehr Vögel, als durch die Fütterung gerettet werden!
Und das sind die Gründe: Viele Futterplätze sind zu unhygienisch. Das Futter liegt auf dem Boden,

Bei reichlicher Obsternte sollte man auch den Vögeln für den harten Winter einige Früchte übriglassen. Die Weichfresser, hier eine Schwarzdrossel oder Amsel, können keine harten Sonnenblumenkerne öffnen.

kommt mit dem Kot kranker Vögel in Berührung, wird dann von anderen Vögeln gefressen, die sich damit infizieren. Typisch für solche Massenfutterplätze sind Salmonellenerkrankungen, die sich explosionsartig ausbreiten und Dutzende von Vögeln dahinraffen können. Sobald die ersten Todesfälle an einem Futterplatz auftreten, muß er daher sofort geschlossen werden.

Ein anderer Grund ist ungeeignetes Futter. Häufig findet man Essensreste, die für Vögel in der Regel schädlich sind. Besonders gefährlich sind salzhaltige Speisen, denn Salz ist für Vögel ein schweres Gift.

Ein dritter Grund sind die indirekten Auswirkungen, die sich durch die Winterfütterung ergeben. Die Vögel sind durch die harten Konkurrenzbedingungen im Naturhaushalt daran gewöhnt, ständig

um ihr Überleben kämpfen zu müssen. Nur so bleiben sie fit genug, für alle gefährlichen Situationen ihres Alltags. Wenn man ihnen die Sorge für ihren täglichen Lebensunterhalt abnimmt, verweichlichen die Vögel. Sie überstehen dann zwar die nahrungsarme Zeit, sind aber anderen Belastungen dafür nicht mehr so gut gewachsen.

Bei Untersuchungen hat man festgestellt, daß auf eine Meise bis zu sechzehn Futterstellen kamen. Ein solcher Luxus macht aus Wildtieren Haustiere – und das kann nicht das Ziel eines verantwortungsvollen Naturgärtners sein.

Daher sollte man, auch wenn es grausam klingen mag, die Vögel lieber um ihre tägliche Existenz kämpfen lassen. Nur bei längeren Schnee- und Frostperioden kann man ihnen helfen. Man sollte dann aber auch gleichzeitig an die Vögel denken, die man mit einer solchen Winterfütterung nicht erreicht. Das sind z. B. die Eulen, die bei langdauernder, hoher Schneelage nicht an die Mäuse, ihre bevorzugte Beute, herankommen. Ihnen kann man oft schon dadurch helfen, daß man an einer geschützten Stelle einen kleinen Strohhaufen anlegt, in den Korn gestreut wird. Dadurch werden Mäuse angelockt, die die Eulen auf ganz natürliche Weise erbeuten können.

Rezept für eine Futtermischung

Ein wichtiger Grundstoff ist Rindertalg, den man in jeder Metzgerei für wenig Geld erhalten kann. Er wird in einem geeigneten Gefäß zum Schmelzen gebracht und mit einer gleichen Gewichtsmenge Kleie verrührt. Zusätzlich kann man noch Sonnenblumenkerne, Hanfsamen, für verschiedene Weichfresserarten mit dünnen Schnäbeln auch Rosinen einrühren. Zum Abfüllen eignen sich halbierte Kokosnußschalen, Blumentöpfe oder Dosen, die nach Erkalten der Mischung an Bäumen befestigt werden.

Verlassene Jungvögel – was tun?

Zunächst einmal sollte man wissen, daß die wenigsten Jungvögel wirklich verlassen sind. Bei vielen Arten verlassen die Jungen das Nest zu einem Zeitpunkt, zu dem sie noch gar nicht fliegen können. Sie sitzen dann in Sträuchern, oft auch auf dem Boden und machen durch Bettelrufe die Altvögel auf sich aufmerksam.

In der Regel kann man davon ausgehen, daß sich die Altvögel ausreichend um ihre Jungen kümmern. Wenn man sie einsammelt und versucht, sie künstlich zu ernähren, wird man fast immer Schiffbruch erleiden, da sie zum Teil sehr spezielle Nahrung benötigen. Am besten läßt man Jungvögel dort wo sie sind. Nur wenn man weiß, daß ihre Eltern durch einen Unglücksfall umgekommen sind, sollte man eingreifen. In praktisch jeder Stadt gibt es Spezialisten, die sich mit solchen Jungvögeln auskennen. Am besten wenden Sie sich an die zuständige Ortsgruppe des Deutschen Bundes für Vogelschutz, die Ihnen sicherlich weiterhelfen wird.

Schlangen und Eidechsen

Es gibt in Deutschland nur ganz wenige Giftschlangen, deren Biß zudem für einigermaßen gesunde Erwachsene nicht tödlich ist. Sie leben überwiegend in einsamen Moor- und Heidegebieten oder in unwegsamen und unbebaubaren Bergregionen. Sie brauchen also keine Angst zu haben, daß sich ausgerechnet in Ihren Garten eine Giftschlange verirrt. Auch die ungiftigen Ringelnattern und Schlingnattern sind nur sehr selten in Gärten zu finden. Schlangen sind zwar nicht jedermanns Sache, aber wenn Sie so eine Ringelnatter in Ihrem Garten haben, haben sie einen wirksamen Verbündeten gegen etwaige Mäuseplagen.

Häufiger findet man schon die Blindschleiche. Sie sieht so aus wie eine Schlange, ist aber keine, sondern eine Eidechse. Entsprechend ist sie völlig harmlos. Sie hat noch nicht einmal spitze Zähne in ihrem Mund, sondern lediglich einige verhornte Leisten, mit denen sie zwar Regenwürmer festhalten, aber noch nicht einmal bemerkenswert in einen Finger zwicken kann. Vor Blindschleichen brauchen Sie also gar keine Angst zu haben. Gleiches betrifft die anderen Eidechsenarten. Sie sind wertvolle Partner bei der biologischen Schädlingsbekämpfung und können eine Fläche im Umkreis von zwanzig Metern gut kontrollieren. Am besten bieten Sie ihnen den Wurzelteller eines älteren Baumes an, den Sie an einen sonnigen Platz in unmittelbarer Nähe ihrer Hecke bringen sollten. Die Eidechsen, vor allem die Zauneidechse, werden sich dann rasch von selbst einstellen.

Die Schmetterlinge

Sie gehören zu den Tieren, die durch die Veränderungen der Landschaften besonders stark betroffen worden sind. Die meisten Arten sind während ihrer Larvenzeit, in der sie als Raupe leben, auf bestimmte Wirtspflanzen spezialisiert. Dies kann im Garten in einigen wenigen Fällen Kummer bereiten, so beim Kohlweißling. Dieser läßt sich jedoch wirksam abhalten, in dem man den Kohl mit anderen Pflanzenarten in einer Mischkultur anpflanzt.

Die Raupen der meisten Schmetterlinge leben nicht auf Kultur- sondern auf Wildpflanzen. In einem Naturgarten finden sie daher meist gute Lebensbedingungen, so daß man zahlreiche, verschiedene Falter beobachten kann. Zum Teil gelingt es auch, sie gezielt anzusiedeln, wenn man ihnen die richtigen Wirtspflanzen anbietet. Erstaunlich wichtig ist die Brennessel, von der zahlreiche Arten leben. Genannt seien nur der farbenprächtige Admiral und das Tagpfauenauge, der kleine Fuchs sowie das Landkärtchen.

Auf Disteln sind die Distelfalter spezialisiert, auf die Salweide der Große Schillerfalter, der Trauermantel, der Große Fuchs, das Abendpfauenauge, der Große Gabelschwanz, der Zickzackspinner sowie das Schwarze und Rote Ordensband.

Schleh- und Weißdorn werden von dem gefährdeten Segelfalter, dem Baumweißling, dem Kupfer-glucke, dem gelben Ordensband sowie dem Nachtpfauenauge aufgesucht.

Viele Schmetterlinge lockt man auch durch eine blumenreiche Dauerwiese an. An den verschiedenen Grasarten leben Damenbrett, Kuhauge, der Große und Kleine Heufalter, der Große und Kleine Waldportier, Kommafalter, Malachteule und viele andere. An Löwenzahn nagt der Große Bär, das Weißfleckwidderchen sowie verschiedene Arten der Fleckleibbären. Wiesenschaumkraut ist die Wirtspflanze des Aurorafalters, von der Weißen Fetthenne lebt der bedrohte Apollofalter und an den Ampferarten wächst der Nachwuchs des Frühlingswürfelfalters, des Feuervögelchens und des Violetten Feuerfalters heran.

Diese Aufzählung ist bei weitem nicht vollständig. Sie macht jedoch deutlich, daß mehr Pflanzenvielfalt im Garten fast schon automatisch ein vielfältigeres Tierleben zur Folge hat. Und ein Teil der Schmetterlinge dient wieder anderen Tieren als Beute, z. B. verschiedenen Vogelarten und den bedrohten Fledermäusen.

Die Käfer

Einige wenige sind zwar Problemarten, viele sind jedoch unentbehrlich für das biologische Gleichgewicht im Garten. Ein wichtiger Helfer bei der Dezimierung der Blattläuse ist der Marienkäfer. Man kann ihn auch gezielt sammeln und an befallenen Pflanzen ansetzen. Auch die Larven sind gierige Blattlausjäger und verzehren im Laufe ihrer Entwicklung etwa dreihundert bis vierhundert Beutetiere. Es gibt verschiedene Arten von Marienkäfern. Sie unterscheiden sich oft nur durch die Zahl der Punkte auf dem Rücken (man kann daran nicht das Lebensalter ablesen!).

Die Laufkäfer gehören zu den wichtigsten Partnern für die biologische Schädlingsbekämpfung im Garten. Sie sind die »Wölfe« unter den Käfern und darauf spezialisiert, Beute zu erjagen. Zahllose Raupen und Engerlinge, aber auch Regenwürmer können sie mit ihren mächtigen Zangen ergreifen und töten. Dennoch sind auch die Laufkäfer nicht allmächtig. Sie stellen sehr spezielle Ansprüche an ihren Lebensraum, die nur in einem vielfältigen Naturgarten erfüllt werden können.

Sandlaufkäfer (oben)
Goldlaufkäfer mit Beute
(unten)

Häufig unterschätzt wird die Wirksamkeit der Laufkäfer. Die gut beweglichen meist schwarzen oder grünlich schillernden Käfer gehen nachts auf die Jagd und machen dann auch reichlich Beute. Betrachten Sie einmal die wuchtigen Zangen am Kopf dieser Tiere. Sie werden sich leicht vorstellen können, wieviel Arbeit sie Ihnen abnehmen. Tagsüber ruhen sie unter Steinen oder unter flach liegenden, alten Baumstämmen. Sie können sie wirksam dadurch fördern, daß Sie ihnen entsprechende Schlafstätten anbieten, von denen sie in den Abendstunden ausschwärmen können.

Die Florfliege

Der Nachwuchs der zartgrünen zerbrechlich wirkenden Tiere ist ein unersättlicher Blattlauskiller. In den achtzehn kurzen Tagen ihrer Larvenzeit töten sie bis zu fünfhundert Blattläuse, die sie mit ihren gewaltigen Beißzangen packen und dann aussaugen. Die Florfliege gehört zu den wirksamsten Waffen gegen eine Massenvermehrung der Blattläuse. Im Winter findet man die erwachsenen Tiere häufig in Kellern und Schuppen, wo sie überwintern. Dort sollte man sie während eines winterlichen Hausputzes schonen.

Die Larven der Florfliegen sind unersättliche Blattlausvertilger. Eine Blattlaus nach der anderen wird von ihnen gepackt und ausgesaugt.

Der Ohrwurm

Er ist ein wichtiger Partner des biologischen Gärtners. Menschliche Ohren sind für den Ohrwurm genauso uninteressant, wie für jeden anderen Käfer, so daß der Name etwas irreführend ist. Die großen Greifzangen am Hinterleib dienen in erster Linie der Verteidigung des Nachwuchses, der in einer Erd- oder Baumhöhle intensiv betreut wird.

Da sich die Ohrwürmer in erster Linie von Blattläusen ernähren, werden ihnen in einem biologischen Garten systematisch geeignete Schlafplätze geschaffen. Dafür wird ein Blumentopf dicht mit Holzwolle gefüllt, mit einem Drahtgeflecht verschlossen und mit der Öffnung nach unten, an Zweige der Obstbäume gehängt. In diesen künstlichen Höhlen verbringen die Käfer den Tag und gehen erst nachts auf Nahrungssuche.

*Die Raupe ist ein To-
deskandidat. Die win-
zige Schlupfwespe hat be-
reits ihren Stachel ange-
setzt und legt ihre Eier in
die Raupe. Dort werden
sich die jungen Wespen
entwickeln und die Raupe
von innen auffressen.
Eines von vielen Verfah-
ren, mit denen sich die
Natur selbst reguliert.*

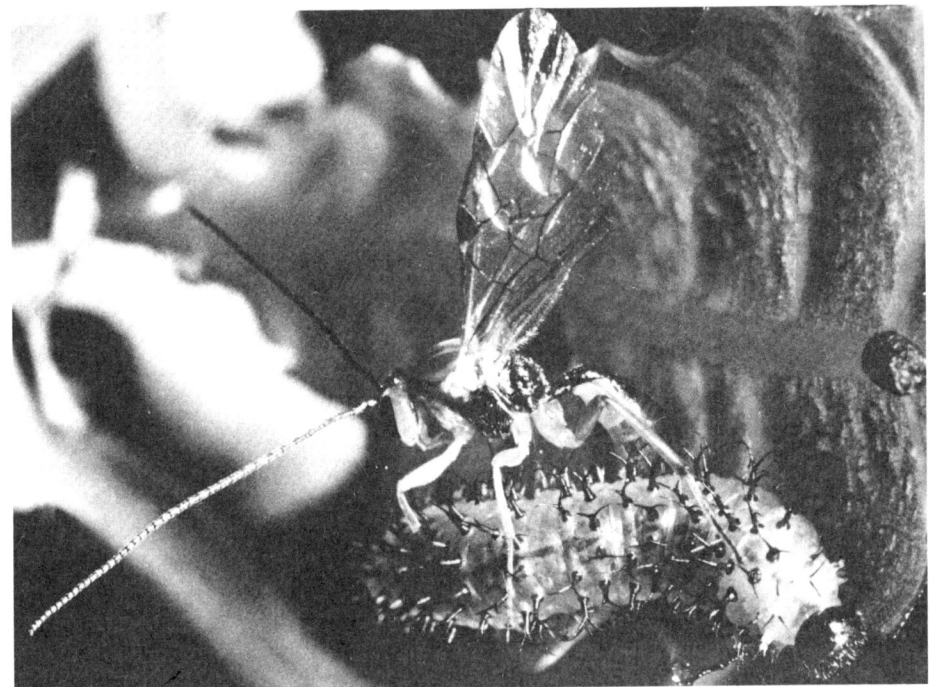

Die Schlupfwespen

Es gibt zahlreiche verschiedene Arten, die meist
nur etwa fünf bis dreißig Millimeter lang werden.
Da sie sich hervorragend für eine biologische
Schädlingsbekämpfung eignen, werden sie bereits
in speziellen Intensivzuchten vermehrt und an befallenen Stellen z. B. in Gewächshäusern, ausge-
setzt. Sie legen ihre Eier an Blattläusen und Raupen ab, in deren Körper sich die jungen Schlupfwespen entwickeln. Dabei wird das Wirtstier getötet, seine Massenvermehrung bereits im Frühsta-
dium eingedämmt.

Die Schwebfliegen

Die vielen Arten imitieren oft mit ihrem Körper-
bau das Aussehen einer Wespe. Sie erscheinen dadurch etwaigen Feinden gefährlich, sind jedoch
selbst völlig harmlos. Sie gehören zu den geschick-
testen Fliegern und es ist häufig zu beobachten, wie
sie in der Nähe von Blütenpflanzen mit unglaublich
schnellen Flügelschlägen, in der Luft stehen. Während sich die erwachsenen Fliegen in erster Linie
von Pflanzennektar ernähren, ist ihr Nachwuchs
auf Blattläuse spezialisiert. Auch Schwebfliegen
sind daher wichtig, für den biologischen Garten.
Sie überwintern oft auf dem Dachboden von Häusern.

Die Biene

Sie ist unentbehrlich in jedem Garten. Falls die nächsten Imker sehr weit entfernt wohnen und nur mit geringem Bieneneinflug zu rechnen ist, sollte man ernsthaft prüfen, ob man sich nicht selbst ein solches Bienenvolk zulegt. Die Pflege ist zwar nicht ganz einfach (man sollte sich unbedingt ein entsprechendes Fachbuch kaufen), doch der Arbeitsaufwand lohnt sich sicherlich.

Mit wilden Bienen, die früher in hohlen Bäumen lebten, kann man heute praktisch nicht mehr rechnen. Andere Arten, die so wie die Bienen die Blüten bestäuben, sind besonders im Frühjahr nur in geringer Zahl vorhanden. Bei den Bienen überwintert das ganze Volk, bei anderen Arten, wie den Hummeln, jeweils nur Einzeltiere, die erst ein neues Volk aufbauen müssen. Für die meisten Obstbäume kommen diese Arten dann schon zu spät.

Bienen zeigen ein außerordentlich kompliziertes Sozialverhalten. Die einzelnen Tiere sind für bestimmte Aufgaben spezialisiert und sie können sogar spezielle Bienentänze, die der Fachmann leicht deuten kann, und die ihren Artgenossen die genaue Richtung und Entfernung einer Futterquelle angeben.

Bei der Gestaltung des Naturgartens kann man bereits auf die Bienen Rücksicht nehmen. Zeitig im Frühjahr gibt es bei ihnen häufig Nahrungsmangel, so daß unsere Naturhecke möglichst auch immer einige Weiden enthalten sollte, die sehr früh blühen und den Bienen dann Nahrung liefern.

Bienen kann man gar nicht genug loben! Nicht nur daß sie den gesunden Honig produzieren – sie führen auch die unentbehrliche Bestäubung vieler Nutzpflanzen durch.

Die Hummeln

Es gibt zahlreiche verschiedene Arten, die fast alle sehr stark gefährdet sind. Bei den Hummeln hat sich die Zerstörung der blütenreichen Wiesen besonders stark bemerkbar gemacht. In sommerlichen Trockenperioden haben sie daher erhebliche Nahrungsprobleme. Die blütenreiche Wiese des Naturgartens hilft den Hummeln, die nahrungsarme Zeit zu überstehen.

Viele Hummeln sind sehr wertvoll für den biologischen Nutzgarten. Im Gegensatz zu Bienen fliegen sie auch bei kaltem und regnerischem Wetter, so daß in ungünstigen Jahren immer noch so viele Blüten bestäubt werden, daß man wenigstens einen kleinen Ertrag bekommt.

Hummeln, hier eine Erdhummel, werden meist größer als Bienen. Sie sind, besonders im Frühjahr, weniger wetterempfindlich als die Bienen und daher für den Garten besonders wichtig.

Hummeln legen ihre Nester in Steinhaufen, Bodenlöchern und alten, größeren Vogelnestern an. Im Naturgarten finden sie dafür reichlich Gelegenheit.

Die Wespen und Hornissen

Es gibt sicherlich gute Gründe, diesen wehrhaften Tieren skeptisch gegenüberzustehen. Sie werden allerdings nur dann aggressiv, wenn sie entsprechend gereizt werden. Verhält man sich ruhig, hat man keine Stiche zu erwarten.
Es gibt verschiedene Wespenarten, die sich in ihren Verhaltensweisen, der Organisation des Wespenstaates und der Anlage des Nestes stark unterscheiden. Ihnen gemeinsam ist, daß sich der Wespenstaat im Gegensatz zu den Bienen während des Herbstes auflöst. Nur die jungen, befruchteten Königinnen überleben den Winter auf Dachböden, in Baumhöhlen und ähnlichen Verstecken. Die normalen Arbeitstiere werden durch die ersten Fröste getötet.
Die Wespen sind durchaus wertvolle Helfer im Garten. Zur Ernährung der Brut müssen große Mengen Insekten herangeschafft werden, die vorgekaut und an die Larven verfüttert werden. Diese Aufgabe ist in den späten Sommermonaten abgeschlossen. Dann haben die Wespen Zeit, für ein

Wespen können oft große Nester errichten. Im Frühjahr beginnt die Königin mit dem Bau, später beteiligen sich die inzwischen geschlüpften Arbeiterinnen daran. Oft findet man Nester auf Dachböden, diejenigen der Feldwespe an Pflanzen.

Die Hornisse liebt, wie andere Wespenarten auch, überreifes, sehr süßes Obst. Die wehrhaften Tiere sind inzwischen sehr selten geworden.

süßes Leben. Neben überreifem Fallobst interessieren sie sich natürlich auch für Süßigkeiten in den Häusern und können dann zu einem wirklichen Problem werden. Wenn es zu schlimm wird, kann man die Wespen töten. Sie haben ohnehin nur noch wenige Wochen zu leben.
Ob man die größeren Hornissen in seinem Garten toleriert, ist eine persönliche Entscheidung, die einem niemand abnehmen kann. Die Tiere sind äußerst wehrhaft und man sollte sie keinesfalls reizen. Andererseits sind sie bereits so stark dezimiert worden, daß sie auf der Roten Liste der bedrohten Tiere stehen.

Die Spinnen

Sie sehen zwar ähnlich aus wie Insekten, sind aber keine. Der deutlichste Unterschied ist der, daß sie acht und nicht sechs Beine besitzen. Es gibt zahlreiche verschiedene Arten, die teilweise Fangnetze bauen, teilweise trichterähnliche Reusen am Boden, zum Teil aber auch als sehr gewandte Jagdspinnen leben.

Spinnen sind nicht jedermanns Sache. Sie sind jedoch wichtige Helfer im Garten. Hier bewacht eine Raubspinne gerade ihre Brut.

Krabbenspinnen sind besonders gut getarnt. Mit weit ausgestreckten Armen lauern sie in Blüten auf vorbeikommende Fliegen, Bienen etc. Sobald sich ein solches Insekt auf der Blüte niederläßt, wird es ergriffen und ausgesaugt.

Sie erbeuten eine Vielzahl von Insekten und sind schon aus diesem Grunde für den biologischen Garten unentbehrlich.

Auch die Milben sind übrigens mit den Spinnen verwandt. Neben einigen Arten, die als unangenehme Schädlinge auffallen, gibt es auch sogenannte Raubmilben, die diese kurz halten. Leider sind die Raubmilben viel anfälliger gegen chemische Schädlingsbekämpfungsmittel, als die pflanzensaugenden Arten. Auch beim Einsatz sogenannter biologischer Präparate, die eine relativ geringe Giftigkeit besitzen, sollte man sich daher zurückhalten.

Der biologische Nutzgarten

Die Geschichte des Gartenbaues begann mit der Brandrodung, eine Form in der Landwirtschaft, die auch heute noch in vielen tropischen Ländern üblich ist und dort zu einer schweren Schädigung der Landschaft führt. Die durch den Brand vegetationsfrei gewordene Fläche war zunächst sehr fruchtbar, laugte jedoch rasch aus, so daß die frühen ›Gartenbaumeister‹ weiterwandern mußten. Sie konnten zwar säen und ernten, hatten jedoch keine Ahnung davon, wie die Fruchtbarkeit des Bodens erhalten werden kann. Ganze Völkerstämme haben sich früher aus diesem Grunde auf die Wanderschaft begeben müssen. Die eindrucksvollen Paläste der Mayas im südamerikanischen Dschungel, wurden vor allem aus diesem Grunde verlassen. Erst etwa 400 km weiter, fand das Volk neue Lebensmöglichkeiten. Die alten Germanen waren da schon etwas klüger. Sie betrieben eine Zweifelderwirtschaft, bestellten jährlich also nur einen Acker und ließen den anderen liegen, damit er sich regenerieren konnte. Dies hatte natürlich einen erheblichen Flächenverbrauch zur Folge, den man sich bei steigenden Einwohnerzahlen nicht mehr leisten konnte. Man wechselte zur Dreifelderwirtschaft, später zur Vierfelderwirtschaft, ließ also jeweils ein Drittel bzw. ein Viertel in jedem Jahre unbestellt. Damit wurde das Problem der zunehmenden Erschöpfung des Bodens jedoch nur vertagt. Immer neue Flächen mußten gerodet werden, um die steigenden Bevölkerungszahlen zu ernähren. Wälder waren damals in Deutschland viel seltener als heute. In weiten Teilen gab es nur kahle, vegetationsarme Landschaften.

Für den Boden blieb dies nicht ohne Folgen. In dieser Zeit entstanden die großen Heidegebiete Norddeutschlands, in denen die letzten Reste fruchtbaren Bodens durch Regen und Wind vollends zerstört wurden.

Erst sehr spät begriff man, daß man nicht nur ernten kann, sondern daß man auch düngen muß. In der Folgezeit wurden organische Abfälle gesammelt, mit der erreichbaren Erde gemischt und auf den Äckern ausgestreut. Im Laufe der Jahre konnten solche Schichten durchaus eine Dicke von einem Meter erreichen.

Doch die Bodenfruchtbarkeit blieb damit nicht erhalten. Das, was man an der einen Stelle an Dünger einbrachte, mußte an einer anderen Stelle weggenommen werden. Die Gegensätze zwischen gutem Boden und schlechtem Boden wurden dadurch lediglich größer.

Zur Zeit erleben wir die wohl letzte Phase dieses Dramas. Die Menschheit wächst explosionsartig, doch die fruchtbare Bodenfläche geht ständig zurück. Die Fläche humusleerer Wüsten wächst erschreckend.

Kunstdünger sind nur eine kurzfristige Lösung. Ohne jeden Zweifel produziert man dadurch Pflanzen, doch die Kosten dafür sind hoch. Nicht nur was das Geld betrifft, sondern auch der ökologische Preis, der dafür zu zahlen ist. Die biologische Qualität derart gedüngter Böden sinkt noch weiter ab.

Hinzu kommt eine Vielzahl hochgiftiger Schädlingsbekämpfungsmittel, die sich in der Nahrung anreichern. Durch diese chemischen Wunderwaffen sind keine Probleme gelöst worden – es sind lediglich neue entstanden. Viele Tier- und Pflanzenarten stehen kurz vor ihrer Ausrottung.

Erst in unseren Tagen beginnt man zu begreifen, daß die Fruchtbarkeit des Bodens, ein in sich geschlossenes, ›lebendes‹ System ist. Während der ›industrielle Pflanzenbauer‹ praktisch nur Maßnahmen durchführt, die direkt der Pflanze dienen, denkt der biologische Gärtner weiter:

Er fördert die Pflanze indirekt durch die Aktivierung des Bodenlebens, durch die gezielte Mischung verschiedener Pflanzenarten sowie durch eine biologisch-organische Düngung.

Viele der dabei gewonnenen Erkenntnisse sind neu. Vieles, was von unseren Vorfahren bereits mit Erfolg praktiziert worden ist, wird allerdings auch lediglich wiederentdeckt. Dazu gehört z. B. die gegenseitige Verträglichkeit oder Unverträglichkeit bestimmter Pflanzen. Die Wissenschaft wird noch lange brauchen, um die Stoffe herauszufinden und zu benennen, die dafür verantwortlich sind, daß man Tomaten und Fenchel nicht in direkter

Nachbarschaft aufziehen kann. In jahrzehntelanger Praxis sind solche Dinge herausgefunden worden. Mehr von Mund zu Mund wurden sie verbreitet, vieles ist sicherlich in Vergessenheit geraten. Erst heute fängt man an (so wie in diesem Buch), das Wissen systematisch zu sammeln und auch denjenigen zur Verfügung zu stellen, die keinen ergrauten Bio-Gärtner als Nachbarn haben.

Gesunder Gartenboden – der Schlüssel zum Erfolg

Die einen nennen es verächtlich Dreck, andere sprechen ehrfürchtig von Mutter Erde. Und was ist es wirklich?

Auf einer Messerspitze gesunden Gartenbodens gibt es mehr Lebewesen als Menschen auf der ganzen Erde!

Alle diese winzigen Organismen sind spezialisiert und erfüllen wichtige Aufgaben im Kreislauf der

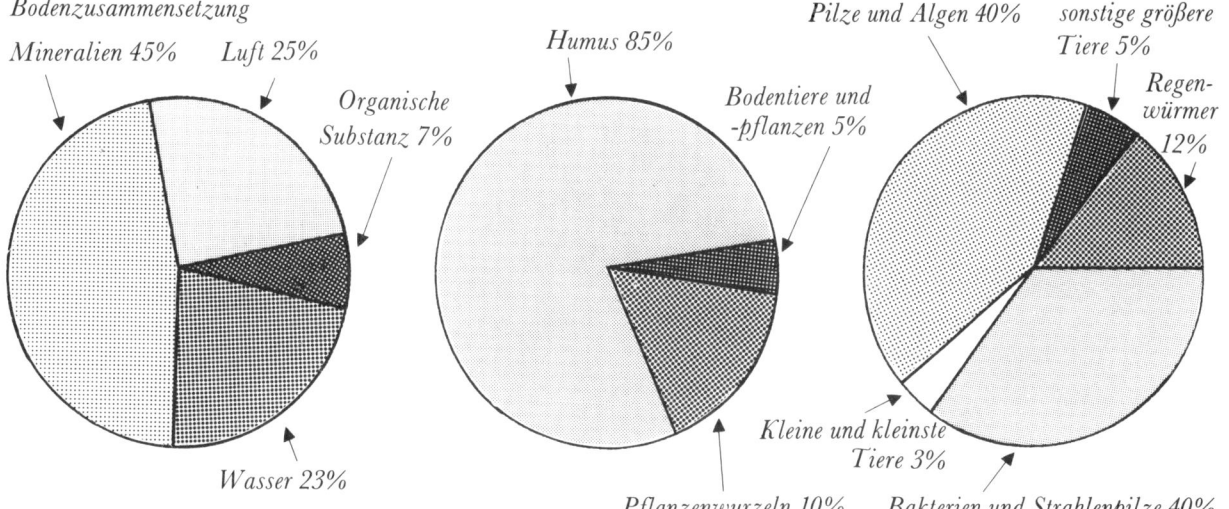

Bodenzusammensetzung

Mineralien 45% *Luft 25%*

Organische Substanz 7%

Wasser 23%

Humus 85%

Bodentiere und -pflanzen 5%

Pflanzenwurzeln 10%

Pilze und Algen 40% *sonstige größere Tiere 5%*

Regenwürmer 12%

Kleine und kleinste Tiere 3%

Bakterien und Strahlenpilze 40%

Natur. Ohne sie würde das pflanzliche und damit auch tierische Leben innerhalb kürzester Zeit erlöschen.

Es ist Herbst. Ein Blatt löst sich vom Zweig und segelt zu Boden. Sofort fallen zahllose Kleintiere darüber her. Ihre Aufgabe besteht darin, die hochkomplizierten Bau- und Inhaltsstoffe des Blattes in möglichst kleine Bausteine zu zerlegen, die wiederum anderen Pflanzen als Nährstoffe dienen. Gäbe es diesen Arbeitsschritt nicht in der Natur, so wäre der Kreislauf nicht geschlossen. Die Pflanzen würden zwar zunächst weiterhin Nährstoffe aus dem Boden herausholen, ihr abfallendes Laub bliebe jedoch in einer immer dicker werdenden Schicht auf dem Boden liegen. In der Laubschicht würden sich immer mehr Nährstoffe anreichern, im darunterliegenden Boden würden sie immer knapper. Um dies zu verhindern, werden die Blätter zunächst von Pilzen und Bakterien angegriffen. Sie zersetzen die äußere harte Schicht des Blattes und bahnen damit den Weg für Schnecken, Asseln, Tausendfüßler, Regenwürmer, Insektenlarven und viele andere Tiere, die zunächst die Weichteile des Blattes fressen. Übrig bleibt ein bizarres Geflecht der härteren Blattnerven, die aber früher oder später auch aufgeweicht und gefressen werden.

Und das nicht nur einmal, sondern gleich mehrfach hintereinander. Der Kot der Tiere enthält jeweils noch so viele Nährstoffe, daß wiederum andere Arten davon leben können. Die Abfälle des einen sind die Nahrungsgrundlage des anderen.

Wie bei einer industriellen Fließbandproduktion hat jede Art ihren Arbeitsplatz und ihre ganz spezielle Aufgabe. Und wie in der Industrie, stockt die Produktion sofort, wenn ein solcher Arbeitsplatz unbesetzt ist – wenn eine Tier- oder Pflanzenart fehlt. In der Natur ist der Arbeitsablauf so eingespielt, daß es nur im Winter zu einer Verlangsamung des Abbaues kommt.

Probleme gibt es jedoch immer dann, wenn der Mensch eingreift: Durch die Anwendung giftiger Schädlingsbekämpfungsmittel werden manche Tiergruppen zu über 70 % vernichtet. Der Abbau stockt – Pflanzennährstoffe werden zur Mangelware. Gleiches kann im Garten aber auch passieren, wenn keine Schädlingsbekämpfungsmittel eingesetzt werden. Der häufigste Fehler: Das Umgraben.

Was würde wohl geschehen, wenn beim Volkswagenwerk plötzlich alle Fließbänder umgestellt würden? Dort wo bislang der Motor eingebaut wurde, befinden sich jetzt die Spritzpistolen für die Lackierung, wo die Sitze eingebaut wurden, werden jetzt plötzlich die Benzintanks angeliefert . . . Ein Chaos wäre die Folge.

Nicht anders ist es im Boden: Auch dort läuft alles wie am Fließband – eine Hand greift in die andere.

Und dann sticht der Spaten in den Boden und stellt alles auf den Kopf.

Diejenigen Organismen, die für ihre Arbeit unbedingt Sauerstoff benötigen, leben normalerweise dicht an der Oberfläche. Durch das Umgraben werden sie tief im Boden verschüttet und gehen dort zugrunde. Die anderen, die in tieferen Schichten gelebt haben, kommen durch das Umgraben nach oben. Aber auch für sie ist die neue Umgebung lebensfeindlich – sonst hätten sie früher nicht so tief unten gelebt. Das Ergebnis: Der natürliche Kreislauf im Boden wird unterbrochen. Deshalb lautet eine der wichtigsten Grundregeln des Bio-Gärtners:

Grabe niemals um!

Der Boden wird höchstens mit einer Gabel oder kleineren Hacke gelockert.

Und was macht man nun mit dem vielgerühmten Kompost? Soll auch der nicht untergegraben werden?

Auf keinen Fall! Auch im Kompost gibt es eine Vielzahl von Abbauvorgängen, die Sauerstoff benötigen. Bringt man ihn tiefer in den Boden, also in den Bereich der Pflanzenwurzeln, so verbraucht er dort den Sauerstoff, den die Pflanzen für ihr Wachstum benötigen. Die Konsequenz: Trotz Kompost wachsen die Pflanzen nicht besser, sondern schlechter!

Gleiches betrifft die Düngung: Immer wieder kann man sehen, wie von Landwirten die Jauche aus der Tierhaltung auf den Äckern verspritzt wird. Der sicherlich wesentlichste Effekt ist eine Massenexekution des Bodenlebens. Kein Bio-Gärtner sollte scharfe Düngemittel so konzentriert in den Boden bringen. Erst recht nicht bei Regenwetter. Dadurch sammelt sich in den Wohnröhren der Regenwürmer das Wasser und zwingt diese an die sauerstoffreichere Oberfläche. Ein Düngerguß ist für sie dann tödlich.

Nur wenn es dem Bio-Gärtner gelingt, das Bodenleben zu fördern, wird er letztlich Erfolg haben.

Die Techniken der Bodenpflege

Beginnen wir mit einem Blick in die Natur. Wie sieht dort die Bodenpflege aus?

Achten Sie bei Ihrem nächsten Waldspaziergang doch einmal auf Stellen, an denen die Erde frei und unbedeckt ist. Es wird sicherlich ein langer Spaziergang werden, denn: In der Natur gibt es – von Felsen und Wüsten abgesehen – keinen unbedeckten Boden!

Entweder wird er mit einer dichten Laubschicht zugedeckt, oder es siedeln sich, wie auf einem Kahlschlag, sofort eine Vielzahl von Wildkräutern an. Die Wirkung auf den Boden ist annähernd die gleiche: Die Verdunstung wird geringer, die Temperaturen werden gleichmäßiger, Erosion wird vermieden, die Bodenorganismen haben optimale Lebensbedingungen.

Und jetzt schauen sie sich die üblichen Gärten an: Überall wird kahle, unbedeckte, ungeschützte Erde von der Sonne ausgedörrt. Auch im Garten versucht die Natur, sich selbst zu helfen. Kaum hat man irgendwo etwas geerntet und einen freien Platz geschaffen, keimen bereits sogenannte Unkräuter, die die Stelle bedecken.

Hunderttausende schmerzende Rücken krümmen sich Jahr für Jahr, um dieser vermeintlichen Plage Herr zu werden. Geschickte Bio-Gärtner machen es anders: Ihre Rezepte heißen Mulchen, Gründüngung und Flächenkompostierung. Damit erreicht man, daß im Bio-Garten möglichst kein Quadratzentimeter Boden unbedeckt bleibt. Neben den positiven Auswirkungen auf Bodenleben und Nährstoffgehalt ist es auch gleichzeitig ein Wettlauf gegen die Wildkräuter. War man schneller als sie und hat man sofort freien Boden abgedeckt, ist das Rennen so gut wie gelaufen. In einem gepflegten Bio-Nutzgarten haben sogenannte Unkräuter keine Chance.

Mulchen – ein Schutzmantel für den Gartenboden

Unter Mulchen versteht man die Bedeckung des Bodens mit organischen Abfällen. Dazu sind alle möglichen Dinge geeignet, die bei der Bewirtschaftung eines Gartens anfallen: Abfallblätter des Salates, abgeschnittene Zweige, ausgerupfte Wildkräu-

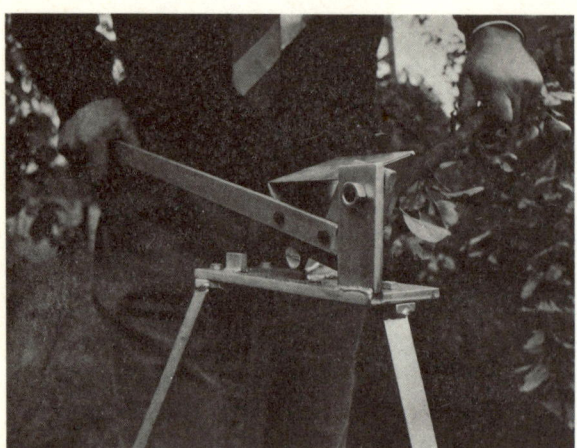

Am wirksamsten ist das Mulchen, also die Bodenbedeckung, wenn das Material bereits stark zerkleinert ist.
Dafür gibt es Handgeräte, mit denen man auch größere Äste zerschneiden kann.
Leistungsfähiger sind elektrisch betriebene Häcksler, die organische Abfälle sekundenschnell zerkleinern.

ter, abgemähtes Gras, abgefallene Blätter, Kartoffelkraut und die nicht mehr benötigten Erbsenpflanzen. Am besten ist es, wenn dieses Material zerkleinert wird. Dies kann mit einem Messer, mit einem Beil, mit einer Rosenschere oder aber auch mit einem speziell für diesen Zweck entwickelten Häcksler geschehen. Die Abfälle werden einfach in diesen hineingeworfen und durch rotierende Messer in winzige Stücke zerkleinert. Mit diesem Material läßt sich die Erde hervorragend abdecken.

Bald schon dringen Bodenorganismen in die Mulchschicht ein und beginnen, die organische Substanz abzubauen. Dafür benötigen sie Sauerstoff, ein wichtiger Grund, weshalb die Mulchschicht höchstens wenige Zentimeter hoch sein darf. Nur wenn sehr grobes, trockenes Material wie z. B. Stroh oder trockenes Kartoffelkraut Verwendung findet, kann man sie etwas höher machen. Durch die Mulchschicht erhalten nicht nur die Bodenorganismen neue Nahrung, sondern sie schützt auch im Sommer vor der austrocknenden Hitze. Andererseits entwickelt sich durch den Abbau Wärme, die sich im Frühjahr und Herbst sehr positiv auf das Wachstum der benachbarten Pflanzen auswirkt. Aber nicht nur vor Sonne und Kälte, auch vor der zerstörerischen Kraft des Regens schützt diese Schicht. Die direkt auf kalte Böden auftreffenden Tropfen führen leicht zu einer Verschlammung der luftgefüllten Poren. Eine schlechtere Sauerstoffversorgung der Pflanzenwurzel und erst recht für die empfindlichen Bodenorganismen ist die Folge. Das Mulchen hat aber auch noch

►

Gemeiner Schneeball, Holunder (schwarzer), Eberesche, Besenginster.

einen anderen Vorteil. Bei der Zersetzung entsteht in größeren Mengen Kohlendioxyd, ein wichtiger Pflanzennährstoff. Er steigt aus dem Boden auf und kann direkt von den Blättern der Pflanze aufgenommen werden.

Besser geht es auch dem Bio-Gärtner, der nur noch selten mit der Hacke durch den Garten zu laufen braucht, um den Boden zu lockern. Das machen die Bodenorganismen selbst. Auch das regelmäßige Gießen ist nicht mehr so ein drängendes Problem, da der Boden weniger Feuchtigkeit verliert. Und letztlich spart man auch noch bares Geld bei der Düngung, weil Nährstoffe und Humus durch das Mulchen ständig nachgebildet werden.

Nachteile gibt es bei einem solchen Verfahren eigentlich nur für die Wildkräuter. Werden sie mit einer solchen Mulchschicht überdeckt, so ersticken die meisten und diejenigen, die dennoch das Licht des Tages erblicken, lassen sich aus dem weichen Boden mühelos herausziehen.

Mit dem Mulchen werden die natürlichen Verhältnisse am besten auf den Garten übertragen. So wie die von den Bäumen fallenden Blätter und Zweige des Waldes im Laufe der Zeit von selbst verrotten und einen wertvollen Humus bilden, so geschieht es jetzt auch im Garten.

Bei der Umstellung auf diese biologische Methode ist gelegentlich zu beobachten, daß der Boden Schwierigkeiten hat, das Mulchmaterial rasch genug zu zersetzen. Das liegt dann an den gestörten biologischen und chemischen Verhältnissen im Bo-

◄

Ein alter Bauerngarten – besser als die meisten Gärten heute, aber: Kein Naturgarten (zu viele fremdländische und hochgezüchtete Pflanzen) und auch kein Bio-Garten (zu viel Boden ist unbedeckt, zu wenig Rücksichtnahme auf Nachbarschaften).

den. Aber auch dagegen gibt es ein Mittel: Die Kompostierung.

Kompost – der Misthaufen macht Karriere

»Gesunde Landluft«, so nennt man oft spöttisch die Gerüche, die in Misthaufennähe die Nase beleidigen. Aber das, was dort aus dem Boden strömt, ist alles andere als gesund. Hochgiftiger Schwefelwasserstoff, schleimhautreizendes Ammoniak, überriechende Buttersäure sowie das als Sumpfgas bekannte Methan verpesten die Luft. Und wenn man dann noch etwas näher an den Misthaufen herantritt, steigt eine dichte Fliegen- und Mückenwolke auf. Das alles sieht von weitem vielleicht so aus wie ein Komposthaufen, ist aber keiner! Ein Komposthaufen kann leicht zu einem Misthaufen werden, wenn man nicht aufpaßt.

Wenn Mikroorganismen wie Bakterien und Pilze Blätter, Früchte und Holz abbauen, also wieder in deren kleinste chemische Bestandteile zerlegen, dann kann das auf zweierlei Wegen geschehen:

Es gibt Bakterien, die für diese Arbeit Sauerstoff benötigen. Sie arbeiten schnell und geruchlos, deshalb sind sie für den Bio-Garten besonders wertvoll. Sie arbeiten aber nur so lange, wie Sauerstoff zur Verfügung steht. Ist dies nicht mehr der Fall, so werden sie von anderen Bakterien verdrängt, die auch ohne Sauerstoff auskommen können. Diese arbeiten nicht nur deutlich langsamer, sie stellen aus den Abfällen auch andere Produkte her.

Die für den Bio-Garten beste Lösung ist also die bereits beschriebene Mulchschicht, die nur wenige Zentimeter dick ist. Dort kann der Sauerstoff direkt zu den Bakterien vordringen.

Dennoch gibt es verschieden gute Gründe dafür,

solche Abfälle auch zu einem größeren Haufen aufzutürmen, zu dem berühmten Komposthaufen.

Ein Grund dafür ist ein geschwächtes Bodenleben. Ein Komposthaufen ist letztlich nichts anderes, als ein riesiger Brutofen für Bodenorganismen. Ein Ofen im wahrsten Sinne des Wortes, denn durch die Zersetzungsprozesse entsteht Wärme. Die Temperatur kann in der Mitte eines solchen Kompost-Ofens auf über 70° C ansteigen! Und genauso wie ein normaler Ofen nur dann brennt, wenn er durch eine Luftklappe reichlich Sauerstoff bekommt, genauso braucht auch der Komposthaufen eine ständige Lüftung. Dies erreicht man in erster Linie dadurch, daß die Abfälle nicht wahllos aufeinandergeworfen werden. Auch an die tiefste Stelle muß noch Sauerstoff aus der Luft dringen können und die Qualität eines Komposthaufens hängt entscheidend davon ab, inwieweit dies gelingt.

Die ersten Fehler werden meist schon bei der Wahl des Standortes gemacht. Ein Komposthaufen erscheint vielen als Müllkippe, die man irgendwo tief im Garten an einer schwer einsehbaren, dicht bewachsenen Stelle versteckt. Das ist nicht nur schlecht für den Kompost, das ist auch unbequem für den Bio-Gärtner, für den die Kompostierung bereits im Haus beginnt. Dort werden alle verrottbaren Abfälle vor dem Mülleimer gerettet und auf den Komposthaufen gebracht. Spätestens wenn man mit dem Abfalleimer durch den Regen laufen muß, erkennt man die Vorteile eines besser erreichbaren Platzes. Wenn man sich für eine zentrale Lage entscheidet, kann man auch leichter die im Garten gesammelten Abfälle zusammentragen und letztlich auch den fertigen Kompost wieder ausbringen.

Wichtig für das Leben im Komposthaufen sind möglichst gleichmäßige Lebensbedingungen. Ein Komposthaufen sollte daher möglichst nicht immer in der prallen Sonne liegen, aber auch nicht unter einer ständigen Beschattung. Am besten ist ein Halbschatten, wie er durch lichte Randbepflanzung gebildet wird. Besonders bewährt haben sich dafür Nußsträucher und Holunder. Durch diese wird gleichzeitig auch der austrocknende Wind abgehalten, so daß der Bio-Gärtner den Komposthaufen seltener zu gießen braucht. Aus dem gleichen Grunde erhält er auch eine Abdeckschicht aus Laub, Gras oder anderen, relativ trockenen Pflanzenresten.

Von besonderer Wichtigkeit ist auch der Untergrund eines solchen Komposthaufens. In vielen Fällen sieht man akkurate Betonsockel oder untergelegte Plastikplanen. Wer so etwas macht, braucht sich nicht darüber zu wundern, daß sein Kompost auch nach vielen Monaten noch so aussieht, wie am ersten Tag. Viele Organismen, dar-

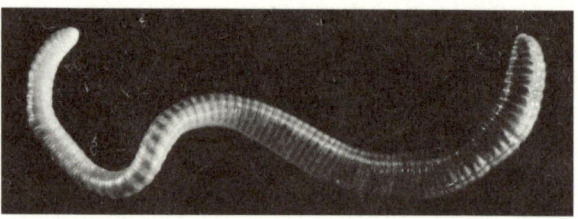

Es gibt zahlreiche verschiedene Regenwurmarten, darunter auch diesen speziellen Kompostwurm.

unter z. B. die besonders wichtigen Regenwürmer, wandern aus dem Boden in den Komposthaufen ein. Bei Frost und Trockenheit hingegen, ziehen sie sich wieder in den Boden zurück. Diese Verbindungswege dürfen auf keinen Fall unterbrochen werden!

Noch aus einem anderen Grunde ist der Boden, auf dem der Komposthaufen steht, wichtig: Er beeinflußt den Wasserhaushalt des Komposthaufens.

Steht dieser auf einer Lehmschicht, so kann überschüssiges Wasser nicht nach unten in den Boden abfließen. Steht der Komposthaufen hingegen auf Sand, so verliert er ständig Wasser an den Boden und kann aus diesem Grunde schlechter reifen. In den meisten Fällen beginnt daher die Anlage eines richtigen Komposthaufens nicht mit dem Aufschichten von Abfallmaterial, sondern mit dem Anlegen einer 10 bis 20 cm tiefen Grube. Bei lehmigem Boden wird diese Schicht mit Sand gefüllt, bei sandigem Boden entsprechend mit humushaltigem Lehm. Dieser Boden ist dann ein ausgezeichneter Puffer, den der Komposthaufen gesund hält. Die Breite eines solchen, nach oben schmaler werdenden Hügels, sollte 1,5 bis 2 m betragen, die Höhe maximal 1 bis 1,5 m. Die Länge ist beliebig.

Der Mini-Komposthaufen – die Lösung für den kleinen Garten

Komposthaufen müssen nicht immer die Form eines großen langgestreckten Hügels besitzen. Der Rottevorgang kann auch genauso in Kompostsilos ablaufen. Dabei handelt es sich um Behälter, deren Wände aus Metallplatten, Draht, Kunststoff oder Stein bestehen. Wichtig ist nur eines: Sie müssen eine ständige Verbindung mit dem Boden haben, damit die dort lebenden Organismen in das Silo einwandern können. Außerdem müssen die Seitenwände luftdurchlässig sein. Günstig ist z. B. ein Gittergeflecht, das man sich aus Baustahlmatten sehr schnell selbst bauen kann. Nur bedingt geeignet sind durchlöcherte Plastiksäcke, in denen nur sorgfältig zerkleinertes Material kompostiert werden kann. In solchen Säcken muß zudem ein Kompoststarter eingesetzt werden, damit das Bodenleben in Gang kommt.
Solche Silos eignen sich allerdings sehr gut für die

Zwischenlagerung. Ein Komposthaufen kann ja nicht aus dem Boden gestampft werden, sondern es muß erst ausreichendes Material gesammelt werden.

Auch ein Komposthaufen braucht eine Klimaanlage

Um den Sauerstoff aus der Luft an die Bodenbakterien heranzubringen, ist ein Durchlüftungssystem erforderlich. Auf den vorbereiteten Boden legen wir daher zunächst einmal eine Schicht aus grobem Reisigmaterial, die eine Höhe von etwa 20 cm erreichen kann. Legen Sie an einigen Stellen dazwischen etwas Erde, damit die Regenwürmer rascher von unten aufsteigen können. Auch bei weiterem Wachstum des Komposthaufens sollte man alle 20 cm einige Zweige einschieben, zwischen denen sich immer kleine Hohlräume bilden, durch die Luft in den Komposthaufen eindringen kann. Die Verteilung innerhalb der Abfallschichten ist in der Regel kein Problem. Die sich massenhaft entwickelnden Regenwürmer legen so viele Gänge an, daß die Luft bis in den letzten Winkel dringt.
Wenn der Komposthaufen deutlich zusammengesackt ist, kann man mit einem Pfahl Löcher hineinstoßen, durch die eine bessere Durchlüftung erfolgt. Man kann auch Röhren aus engmaschigem Draht flechten und diese so eingraben, daß die Luft von außen besser in die Mitte des Haufens dringt.
Mit einem sehr einfachen Mittel können Sie testen, ob ihr Komposthaufen gut durchlüftet ist: Schieben Sie einen alten Besenstiel hinein und ziehen sie ihn wieder heraus. Ist er mit einem schwarzen, schmierigen, übelriechenden Schlick bedeckt, so bleibt nur eins: Sie müssen ihren Komposthaufen umsetzen.

Früher wurde so etwas regelmäßig 2 mal im Jahr gemacht. Bei kleineren Komposthaufen, in die man eine gute Lüftung einbaut, kommt man auch völlig ohne Umsetzen aus. Größere Anlagen sollte man dann, wenn sie zusammengesackt sind, auf einen benachbarten Platz umschaufeln, wodurch das Material gelockert und gelüftet wird.

Früher rechnete man 2–3 Jahre bis ein solcher Komposthaufen reif war. Heute weiß man es besser: halbreifen Kompost für die Flächenkompostierung kann man bereits nach 2 bis 3 Monaten verwenden. Spätestens nach 9 Monaten sollte der Kompost im Garten verteilt werden. Mit jedem Tag den er älter wird, verliert er an Wert.

Eine frühe Reifung kann man mit Tricks erreichen:

Der Komposthaufen muß geimpft und gefüttert werden.

Wie füttert man einen Komposthaufen?

Im Haushalt gibt es nur wenige Abfallstoffe, die nicht für den Komposthaufen geeignet sind. Glas, Konservendosen und Metallstücke wandern in den Mülleimer. Alle organischen Abfälle, die irgendwann mal aus lebendem Gewebe bestanden haben, kommen auf den Komposthaufen. Das sind z. B. Frucht- und Gemüseabfälle, Essensreste, ja sogar Zeitungen und Pappe. Damit aber sind die Rohstoffquellen für den Komposthaufen noch lange nicht erschöpft. Von vielen landwirtschaftlichen Betrieben kann man Getreidestroh in fast beliebigen Mengen erhalten – es wird sogar auf den Feldern verbrannt, weil man nichts damit anzufangen weiß! Auch die Exkremente von Haustieren sind geeignet, allerdings nicht von den Tieren, die in Intensivhaltungsbetrieben eng zusammenge-

pfercht leben. Ihnen werden ständig Medikamente gegeben, die sich auch im Kot der Tiere wiederfinden.

Diese kurze Aufzählung macht bereits deutlich, daß sehr unterschiedliche Stoffe in den Komposthaufen gelangen können. Ein wichtiger Unterschied besteht z. B. im Gehalt an Kohlenstoff und Stickstoff. Die Organismen in einem Komposthaufen benötigen diese beiden chemischen Elemente in einem ganz bestimmten Verhältnis. Nur wenn dieses stimmt, läuft der biologische Abbau der Abfallstoffe rasch und problemlos ab. Viele Haushalts- und Gartenabfälle kommen dem optimalen Verhältnis von Kohlenstoff und Stickstoff sehr nahe. Andere besitzen zu viel Stickstoff (z. B. frische Gartenabfälle), andere zu viel Kohlenstoff (z. B. Sägemehl). Eines der wichtigsten Grundprinzipien für die Anlage eines Komposthaufens lautet also:

Alle Abfallstoffe müssen gut gemischt werden!

Es darf in einem Komposthaufen niemals eine dicke Grasschicht geben, nur weil man gerade seinen Rasen gemäht hat. Das Gras muß vielmehr mit anderen Stoffen vermengt werden. Da Gras zu viel Stickstoff besitzt, vermischt man es zweckmäßigerweise mit Stroh, Sägemehl oder Zeitungen, die wenig Stickstoff, dafür aber viel Kohlenstoff enthalten. Auf diese Weise sind die von den Mikroorganismen benötigten Stoffe doch wieder im richtigen Verhältnis auf engem Raum beisammen, so daß die Gesamtbilanz wieder stimmt.

Falls man viele kohlenstoffreiche Abfallstoffe hat (z. B. viele Zweige oder trockene Pflanzenteile) sollte man den Komposthaufen zusätzlich mit Stickstoff versorgen. Dazu hat sich Horn-, Blut- oder Federmehl hervorragend bewährt, das sehr stickstoffhaltig ist und immer dann, wenn der Komposthaufen um 20 cm gewachsen ist, in einer dünnen Schicht aufgestreut werden sollte.

Ein Schauspiel, das alljährlich zu beobachten ist. Das Stroh wird verbrannt, anstatt es zu wertvollem Kompost zu verarbeiten. Wertvolle Stickstoffverbindungen gehen ungenutzt verloren.

Bei der Zersetzung der organischen Abfälle im Komposthaufen entsteht nicht nur Wärme und hochwertiger Kompost, es entstehen auch Stoffe, die die Arbeit der Mikroorganismen stören. Dazu gehört z. B. die Huminsäure, die sich in größerer Menge ansammeln kann und die Arbeit der Lebewesen behindert. Aus diesem Grunde überpudert man die kleine Stickstoffgabe auch noch mit etwas Kalk, der die Huminsäure zumindest teilweise bindet. Es darf aber höchstens eine dünne, puderzuckerähnliche Schicht entstehen.

Eine Ausnahme: Tierische Exkremente sollten nicht gekalkt werden.

Um die Abbauvorgänge, die sogenannte Rotte, zu beschleunigen, sollte der Kompost an diesen Stellen auch gleich mit neuem Leben geimpft werden. Die Bodenlebewesen brauchen sich dann nicht erst von unten nach oben durchzuarbeiten, sondern können an vielen Stellen gleichzeitig mit ihrer Arbeit beginnen. Aus diesem Grunde trägt man eine dünne Schicht von altem Kompost auf, der dieses Leben in großer Menge enthält. Wer gerade erst mit seinem Bio-Garten anfängt, kann sich auch mit humusreicher Erde helfen, der er sogenannte Komposttarter oder Kompostbeschleuniger zusetzen kann. Auch diese Stoffe wirken sehr anregend auf das Bodenleben. Sie ergeben im Endergebnis keinen anderen Kompost, können die Vorgänge jedoch beschleunigen, wenn alter Kompost nicht in ausreichender Menge zur Verfügung steht.

Zu dieser Impfung mit neuem Leben kommt noch eine weitere Starthilfe:

Der Humus allein ist zwar nicht wertlos, aber er allein garantiert noch lange kein gutes Pflanzenwachstum. Hinzukommen muß noch Lehm oder Ton, mit dem der Humus eine hochkomplizierte Verbindung eingeht. Am besten eignet sich dafür spezielles Tonmehl oder Urgesteinsmehl, das ebenfalls in einer dünnen Schicht alle 20 cm auf den Komposthaufen gestreut wird.

Der leblose Teil des Bodens

Pflanzen können nur dann wachsen, wenn sie ausreichende Nährsalze aus dem Boden entnehmen können. Durch Regen würden diese sehr schnell ausgewaschen. Das kann man gut an Heideböden sehen: Durch Raubbau ist dort die Humusschicht weitgehend verschwunden. Der Regen hat die wertvollen Nährsalze aus dem kargen Sandboden ausgewaschen und in tiefere Schichten geschwemmt. Dort sammeln sie sich dann als dicke, rotbraune Ortsteinschicht und sind für die Pflanzen nicht mehr erreichbar. In einem gesunden ausgewogenen Boden geschieht so etwas nicht.

Ausschlaggebend dafür sind tonige Bestandteile im Boden. Wenn man Ton oder besser noch Urgesteinsmehl mit etwas Wasser befeuchtet, so fühlt es sich glitschig, schmierig an. Der Grund dafür liegt darin, daß diese mineralischen Stoffe aufquellen und dadurch eine große, weiche Oberfläche bekommen. Diese wiederum wirkt wie ein kleiner Magnet auf Nährsalze, die sich an diese tonigen Bestandteile anlagern, nicht mehr ausgewaschen werden können und in höheren Bodenschichten für die Pflanzen verfügbar bleiben. Wirksam ist dies alles nur dann, wenn der Ton und die Humusstoffe eng miteinander vermischt werden. Erst dadurch

ergibt sich die krümelige Struktur des Bodens und die ist für das Pflanzenwachstum besonders wichtig: Je krümeliger und weicher der Boden ist, desto mehr Hohlräume besitzt er und desto mehr Luft kann er aufnehmen. Aus der Luft wiederum entnehmen die Wurzeln den Sauerstoff, viele Pilze, Bakterien und auch den für den Pflanzenwuchs erforderlichen Stickstoff.

Regenwürmer mischen Ton und Humus

Eine Maschine, die Humus und Ton sehr fein zusammenmischt, wäre für keinen Gärtner bezahlbar. Glücklicherweise hilft auch hier die Natur sich selbst. Diesen wichtigen Teil der Bodenpflege übernehmen die Regenwürmer, die in gesundem Boden in unglaublichen Mengen vorkommen. Hervorragende Gartenerde kann auf jedem Quadratmeter 400 Regenwürmer beherbergen. Sie leben in bis zu 2 m langen Röhren, die den Boden wie ein dichtes Geflecht durchziehen. Die Wände dieser Röhren sind durch Schleimabsonderungen ihrer Haut verfestigt, so daß sie lange bestehen bleiben und eine Luftzirkulation im Boden ermöglichen. Auch die Pflanzenwurzeln nutzen die Regenwurmröhren, um tiefer in den Boden vorzudringen.

Die Kräfte des Regenwurmes sind, gemessen an seiner Größe außerordentlich groß. Obwohl er in seinem Körper kein Skelett besitzt, kann er Erdklumpen verschieben, die 60mal soviel wiegen, wie er selbst. So kann er sich mühelos durch den Boden bohren und ihn dabei auflockern.

Regenwürmer sind sehr gefräßige Tiere. Täglich müssen sie so viel Nahrungstoffe aufnehmen, wie sie selber wiegen. Am liebsten sind ihnen leicht verrottete Blätter, die auf der Oberfläche liegen und die sie sich in ihr unterirdisches Röhrensystem hineinziehen. Aber davon allein kann kein Regenwurm leben. Sie fressen daher auch ständig Erde, aus denen sie noch unzersetzte Nährstoffe herausholen. In ihrem Darm werden die Humus- und Tonbestandteile des Bodens durchgeknetet und vermischt. Aber nicht nur das: Regenwürmer haben in ihrem Darm Kalkdrüsen, die Kalzium ausscheiden, mit denen die Ton- und Humusbestandteile der Erde durchmischt werden. So werden nicht nur die im Gartenboden vorhandenen Säuren neutralisiert, dadurch entsteht gleichzeitig eine sehr dauerhafte Verbindung von Kalk und Humus, die den Pflanzen über sehr lange Zeit zur Verfügung steht. Auch noch andere Stoffe werden vom Regenwurm in den Boden abgegeben. Sein Kot, der in kleinen Häufchen an der Erdoberfläche abgesetzt wird, enthält 7mal soviel Stickstoff, die dreifache Kalimenge sowie doppelt soviel Phosphor und Stickstoff wie der normale Boden. Und dies in einer Form, die für die Pflanzen besonders gut zu nutzen ist.

Der Regenwurm ist also der natürliche Verbündete des Bio-Gärtners. In den üblichen Gärten hat es der Regenwurm hingegen schwer: Der geringe Gehalt an verrottendem Pflanzenmaterial raubt ihm die Ernährungsgrundlage. Wenn der Regen auf den kahlen Boden prasselt, fließt feinkörniger Schlamm in seine Röhren und verstopft sie. Kunstdünger und scharfe organische Dünger wie Jauche oder Mist werden vom Regenwurm ebenfalls nur sehr schlecht vertragen. Im Extremfall kann solch ein schlecht behandelter Boden völlig regenwurmfrei sein. Wichtig für eine gute Vermehrung des Regenwurmes ist daher die Flächenkompostierung. Diese hat neben der besseren Nahrungsgrundlage für den Regenwurm auch noch einen weiteren Vorteil: Wenn lange, starke Regenfälle seine Wohnröhren unter Wasser setzen, muß er, um nicht zu ersticken, immer näher an die Oberfläche kriechen. Bei starken Überschwemmungen kriecht er sogar aus seiner Höhle heraus – in einem unbiologischen Garten mit unbedeckter Erde ist dies gleichbedeutend mit Selbstmord. Es sind nicht nur die Vögel, Igel, Kröten und andere Tiere, die sich dann begierig auf die Regenwürmer stürzen, es ist auch das Licht, das ihn rasch tötet. Der Regenwurm gehört zu den wenigen Tieren, die den Lichttod sterben, weil ihr Blut durch das Tageslicht zersetzt wird.

Wer seinen Garten jetzt erst auf die biologische Methode umstellt, wird zunächst Anlaufschwierigkeiten haben, da die Regenwürmer im Garten stark dezimiert sind. Am besten beginnt man daher zunächst einmal mit einer Regenwurmzucht: In eine stabile, größere Holzkiste wird zunächst eine mehrere Zentimeter dicke Laubschicht gelegt. Im Wechsel mit möglichst humusreicher Erde werden dann immer wieder organische Abfälle eingebracht, vom Stallmist bis zu Obst- und Gemüseabfällen, Kaffeesatz und nasser, durchgeweichter Pappe. In diese gut angefeuchtete, aber nicht vor Nässe triefende Zuchtkiste werden alsdann die Regenwürmer eingesetzt. Anschließend wird die Zuchtkiste mit einer Plastikfolie abgedeckt. 3 bis 6 Monate dauert es allerdings, bis die Regenwürmer sich so stark vermehrt haben, daß zumindest ein Teil von ihnen in den Garten umgesiedelt werden kann. Je jünger die ausgesetzten Regenwürmer sind, desto besser. Am einfachsten nimmt man sogar die etwa stecknadelkopfgroßen Eier, denn alte Regenwürmer bleiben am liebsten ihrer Scholle treu. Während der Zucht muß natürlich zugefüttert werden, wenn die Regenwürmer die organischen Abfälle weitgehend verbraucht haben. Es gibt zwar inzwischen auch verschiedene Superwürmer, die besonders gefräßig sind, doch handelt es sich dabei um Importe z. B. aus den USA. Wir wollen lieber unserer Devise treu bleiben und in unserem Garten möglichst viel einheimische Natur erhalten und – das gilt auch für die Regenwürmer!

Den Erfolg ihrer Bemühungen können Sie übrigens leicht kontrollieren: Zählen Sie auf einer bestimmten Länge ihres Gartenweges morgens die Kothäufchen der Regenwürmer. Wenn sie ein guter Bio-Gärtner sind, werden es im Laufe der Zeit immer mehr werden.

Die Anwendung des Kompostes ist entscheidend

Wichtig ist zunächst einmal der Zeitpunkt, zu dem der Kompost ausgebracht werden soll. Wenn er reif ist, also vollständig in weiche, krümelige Erde umgewandelt worden ist, haben viele Bodenlebewesen wie z. B. Regenwürmer den Komposthaufen bereits wieder verlassen. Will man also den Gartenboden zu eigener, höherer Aktivität anregen, wie es bei der Neueinrichtung eines biologischen Gartens erforderlich ist, so darf man nicht den reifen Kompost verteilen, sondern den unreifen, erst etwa 2 bis 3 Monate alten Kompost. Ein solches Verfahren nennt man dann Flächenkompostierung.

Doch Vorsicht: Ein solcher unreifer Kompost enthält noch viele organische unverrottete Bestandteile, die zu ihrem weiteren Abbau Sauerstoff benötigen. Die Schicht darf daher höchstens wenige Zentimeter dick sein, damit der Luftsauerstoff noch überall eindringen kann. Keinesfalls darf unreifer Kompost eingegraben werden. Damit würden faulige Stoffe in den Bereich der Wurzeln gelangen und dort den Sauerstoff binden, den die Wurzeln für ein gesundes Pflanzenwachstum selbst benötigen. Darüber hinaus muß darauf geachtet werden, daß ein solcher unreif ausgebrachter Kompost, mit Stroh, Laub oder ähnlich dauerhaften Materialien

abgedeckt wird, damit er nicht in der Sonne austrocknet, denn damit würde selbstverständlich das in ihm enthaltene Leben stark geschädigt.

Besonders empfehlenswert ist die Flächenkompostierung bei den Arten, die sehr nährstoffreiche Böden benötigen. Zu diesen sogenannten starkzehrenden Pflanzen, gehören z. B. Tomaten, Gurken sowie die verschiedenen Kohlarten. Bei schwachzehrenden Arten hingegen wie Möhren, Bohnen oder Erbsen empfiehlt sich eher die Verwendung von reifem Kompost. Es ist zu empfehlen, jährlich etwa 6 kg pro m² auszubringen.

Obwohl eine Überdüngung mit Kompost nicht so leicht möglich ist wie mit Kunstdünger, so sollte man es dennoch nicht übertreiben. Der Bio-Gärtner richtet sich nach dem Nährstoffbedarf seiner Pflanzen. Stark zehrende Arten können mehr bekommen, schwach zehrende Arten entsprechend weniger.

Der Reifetest

Die Wissenschaftler haben es leicht: Die geben einfach einen Eßlöffel voll Kompost in ein Glas und übergießen ihn mit etwas 10prozentiger Salzsäure. Anschließend wird das Glas mit einem Deckel verschlossen, an dessen Unterseiten sich ein kleiner Papierstreifen befindet. Er wurde mit Bleiacetat getränkt und färbt sich braun oder gar schwarz, wenn aus der Bodenprobe schwefelhaltige Dämpfe aufsteigen. Dann weiß er genau, daß dieser Kompost noch nicht reif ist.

Solche Teststreifen kann man zwar in jeder Apotheke erhalten, der erfahrene Bio-Gärtner kann sich allerdings auch anders helfen: Je reifer der Kompost wird, desto weniger Regenwürmer enthält er. Auch auf die Nase ist Verlaß: Reifer Kompost riecht wie die Erde eines gesunden Laubwaldes. Unsere Nase ist sensibler als man gemeinhin denkt. Üble Gerüche, die ein verläßliches Anzeichen fehlender Reife sind, werden auch noch in geringen Konzentrationen aufgespürt.

Wer sich lieber auf seine Augen und auf seine Zunge verlassen möchte, dem sei der Kressetest empfohlen:

In eine mit etwas Kompost gefüllte flache Schale wird Kresse eingesät. In reifem Kompost wächst sie bei normaler Zimmertemperatur in 3 Tagen auf eine Höhe von 5 cm heran. Am sichersten legt man eine Vergleichskultur auf mit Sicherheit reifem Kompost an. Ist das Wachstum schwächer, so fehlen Nährstoffe, möglicherweise sind sogar Schadstoffe in den Kompost gelangt. Ein verläßlicher Hinweis auf die Reife ist die Farbe der Kresse. Zeigen die Blätter nicht das erwartete, satte Grün, sondern braune oder gelbliche Farbtöne, so muß der Kompost noch weiter gelagert werden. Wichtige Hinweise kann auch der Geschmack der Kresse geben, der bei den einzelnen Sorten jedoch sehr stark variieren kann.

So unterschiedlich die Ausgangsmaterialien für den Komposthaufen sind, so unterschiedlich lange dauert auch ihr Abbau. Dicke Zweige, die zur Verbesserung der Durchlüftung eingebaut worden sind, brauchen selbstverständlich längere Zeit. Wenn man ausschließlich reifen Kompost an die Pflanzen bringen will, so sollte man ihn vorher durchsieben. Am besten eignet sich dafür ein relativ feinmaschiges Drahtgeflecht, das nur die krümelige Erde durchläßt. Man nagelt es auf einen Rahmen von 60 cm Breite und 20 cm Höhe, der schräg gestellt wird und die noch nicht ausreichend zersetzten Stoffe auffängt.

Wenn man bereits reifen Kompost noch länger liegen läßt, steigt sein Wert nicht mehr – im Gegenteil. Bald beginnen Zersetzungsprozesse, die die wertvollen Humusstoffe in immer wertlosere Substanzen überführen. Reifer Kompost sollte daher möglichst schnell verarbeitet werden. Sollte dies einmal nicht möglich sein, so muß der Kompost gut mit Erde abgedeckt werden. Wichtig ist, daß seine Feuchtigkeit erhalten bleibt, er muß daher von Zeit zu Zeit begossen werden.

Das Wasser – nicht über die Pflanzen sprühen

Sie sind so bequem, diese Sprühgeräte. Das verführt immer wieder dazu, einfach einen Schlauch anzuschließen und den Garten stundenlang künstlich beregnen zu lassen. Man braucht sich allerdings nicht zu wundern, wenn hinterher die Pflanzen krank sind.

Bei strahlender Sonne ist ein solches Verfahren bedenklich, weil die auf den Blättern liegenden Wassertropfen wie ein Brennglas wirken und das pflanzliche Gewebe schädigen. Dort ist dann die Stelle, an der später die Krankheitskeime ansetzen.

Bei schwülem, feuchtem Wetter ist der Einsatz einer solchen Beregnungsanlage genauso falsch. Die ständige Benetzung der Blätter bietet ideale Voraussetzungen für das Wachstum von Schimmelpilzen. Der gefürchtete Mehltau ist in vielen Fällen auf diese Ursache zurückzuführen. Am besten wird das Wasser nur auf der Mulchschicht ausgebracht. Es sickert dann von alleine in den Boden.

Die beste Qualität hat Regenwasser, abgestandenes Leitungswasser ist jedoch ebenfalls geeignet. Auf frisches, kaltes Leitungswasser reagieren einigen Pflanzen, z. B. Gurken, höchst empfindlich. Man kann sie mit einem kalten Wasserstrahl geradezu exekutieren. Regelmäßig sollte man sich auch um den Wasserhaushalt seines Komposthaufens kümmern. Er darf keinesfalls austrocknen, da er dann innerhalb kürzester Zeit sehr viel an Wert verliert. Auch Hügelbeete sind während der warmen Jahreszeit sehr empfindlich.

Die Zusatzdüngung – erforderlich auch im Bio-Garten

Mit den für die Küche entnommenen Pflanzen werden dem Garten auch laufend Nährstoffe entzogen. Die Küchenabfälle allein reichen mit Sicherheit nicht aus, um diesen Nährstoffverlust zu ersetzen. Zusätzliche Stoffe müssen daher für das Mulchen oder die Anlage eines Komposthaufens herbeigeschafft werden. Besonders bei der Umstellung auf den biologischen Gartenbau wird es immer bei irgendwelchen wichtigen Nährstoffen Engpässe geben, die das Ernteergebnis verschlechtern. Dies läßt sich vermeiden, wenn man frühzeitig gegensteuert.

Dabei braucht man kein schlechtes Gewissen zu haben, weil man anscheinend der Natur ins Handwerk pfuscht. Wer aus dem Garten etwas nehmen will, der muß ihm auch etwas geben – alles andere wäre Raubbau.

Ein biologischer Garten muß also aus dem gleichen Grunde zusätzliche Düngegaben erhalten, wie ein normaler Garten. Der entscheidende Unterschied besteht jedoch in der Art des Düngers und dessen Wirkung.

Die Pflanze nimmt ihre Nährstoffe mit dem Wasser auf. Diese Eigenschaft machen sich die industriell hergestellten Düngesalze zunutze, die sehr leicht

wasserlöslich sind und aus diesem Grunde auch sehr schnell über die Wurzeln aufgenommen werden. Dieser Kunstdünger ist so raffiniert konstruiert, daß die Pflanzen gar nicht anders können, als ihn aufzunehmen. Sie werden im wahrsten Sinne des Wortes süchtig und sammeln ihn in einer Menge in ihrem Körper an, die biologisch unsinnig ist. Diese hohe Konzentration von Düngesalzen in der Pflanze bleibt indes nicht ohne Wirkung. Durch den höheren Salzgehalt wird Wasser in die Pflanze gezogen, ein natürlicher Vorgang, den man Osmose nennt. Die mit Wasser vollgepumpten Pflanzen sehen auf den ersten Blick ungeheuer robust und kräftig aus – mit einem Wort: Handelsklasse A.

Aber dieses Aussehen täuscht, denn der Pflanze fehlen viele wertvolle Nährstoffe, die sie dem Boden wegen des Überangebotes an Kunstdünger gar nicht entnehmen konnte. Die Konsequenz: Man hat zwar viel auf dem Teller, doch das meiste davon ist Wasser – und das kann man auch billiger haben.

Der Kunstdünger hat noch zwei weitere entscheidende Nachteile: Er erhöht die Anfälligkeit der Pflanze gegen Krankheiten und führt zu einer rascheren Erschöpfung des Humus. Biologischer Gartenbau und industrielle Düngesalze sind daher wie Feuer und Wasser – unvereinbar!

Eine organische Düngung arbeitet völlig anders. Sie fördert das Bodenleben, das seinerseits wiederum Voraussetzungen für ein gesundes Pflanzenwachstum schafft. So unterschiedlich die einzelnen Pflanzennährstoffe sind, so unterschiedlich sind auch die Methoden, um diese im Boden anzureichern.

Um drei sehr wichtige Nährstoffe braucht sich der Bio-Gärtner kaum zu kümmern: Sauerstoff und Kohlendioxyd werden von der Luft geliefert, Wasser muß nur in Trockenzeiten durch vorsichtiges Gießen nachgeliefert werden. Schwieriger ist es schon mit dem Stickstoff. Er ist zwar im Prinzip auch im Überfluß vorhanden (79 % der Luft besteht aus Stickstoff), doch er kann in dieser Form von den Pflanzen nicht aufgenommen werden. Er muß erst umgewandelt werden, wozu die Pflanzen selbst allerdings nicht in der Lage sind. Viele Pflanzen sind daher eine Art Ehe, man spricht genauer von Symbiose, mit Bakterien und Pilzen eingegangen, die diese Aufgabe übernehmen. Bei Lupinen, Erbsen, Bohnen und anderen sogenannten Leguminosen befinden sich die Bakterien in knollenförmigen Verdickungen an den Wurzeln. Sie arbeiten so produktiv, daß sie nicht nur die Pflanze selbst versorgen, sondern auch noch einen Überschuß erwirtschaften, der im Herbst nach dem Absterben der Pflanze, im Boden zurückbleibt. Und das ist dann auch gleich die Methode des Bio-Gärtners, um die wichtigen und richtigen Stickstoffverbindungen in den Boden zu bekommen. Er führt eine sogenannte Gründüngung durch, indem er gezielt die stickstoffbildenden Pflanzen anbaut.

Dazu besteht während des Jahres reichlich Gelegenheit. Ackerbohnen z. B. können bereits früh im Jahr gesät werden. Wenn sie den später zu säenden oder pflanzenden Arten wie Tomaten oder Kohl Platz machen, haben sie den Boden bereits gut mit Stickstoff vorgedüngt. Ebenso kann man im Spätsommer, wenn sich die Beete zu leeren beginnen, sofort stickstoffbildende Pflanzen nachsäen. Sie wachsen so dicht, daß der Boden rasch völlig bedeckt ist. Dadurch wird eine Austrocknung vermieden und das Wachstum unerwünschter Wildkräuter von vornherein unterdrückt. Das eigentlich wichtige Geschehen bei der Stickstoffbindung spielt sich im Bereich der Wurzeln ab. Die zur Gründüngung eingesetzten Pflanzen sollten daher

auf keinem Fall herausgerissen, sondern über der Oberfläche abgeschnitten werden, wenn man die Anbaufläche für andere Zwecke benötigt.

Auch bei der Gründüngung ist bunte Vielfalt die beste Lösung. Früher konnte man die einzelnen Gründüngerarten nur sackweise sortiert erhalten. Inzwischen, mit zunehmender Beliebtheit des Bio-Gartenbaues, gibt es auch verbraucherfreundliche Kleinpackungen, in denen zahlreiche Arten gemischt vorhanden sind.

Besonders in der Startphase eines Bio-Gartens kann es vorkommen, daß die Gründüngung nicht ausreicht, um den Stickstoffbedarf zu decken. Die Pflanzen wachsen schlechter, die Blätter werden blasser und können sogar rötliche Farbtöne annehmen. In solchen Fällen empfiehlt sich dann die Beigabe von Hornspänen oder Hornmehl sowie Blutmehl, ggf. auch Schaf- oder Ziegendung. All diese Stoffe sind sehr stickstoffreich und können Mangelerscheinungen rasch beheben.

Neben Stickstoff wird besonders in der Umstellungsphase häufig auch Phosphor- und Kaliummangel auftreten. Ein wirksames Mittel gegen alle drei Mangelkrankheiten ist eine Mischung aus Horn-, Blut- und Knochenmehl, die z. B. unter der Bezeichnung Oscorna im Handel erhältlich ist. Wer diese Pflanzennährstoffe gezielt zuführen will, dem sei im Falle des Phosphors besonders Geflügelmist und Knochenmehl empfohlen, die einen erheblichen Phosphorgehalt besitzen.

Es gibt auch Mineralien, die in größeren Mengen Phosphor enthalten. Geeignet ist das direkt abgebaute Rohphosphat, das unter der Bezeichnung Hyperphos erhältlich ist, sowie das Thomasmehl, das bei der Verhüttung bestimmter Eisenerze anfällt. Beide Stoffe geben Phosphor nur sehr langsam an den Boden ab, und sind aus diesem Grunde besonders gut geeignet. Thomasmehl enthält zusätzlich Kalk und empfiehlt sich daher besonders für saure Böden.

Zur Behebung eines möglichen Kaliummangels werden auch unter Bio-Gärtnern immer wieder verschiedene Algenpräparate empfohlen. In vielen Fällen handelt es sich um große Braunalgen, die eine Länge von über 100 m erreichen können. Durch die zunehmend wachsenden Nachfragen sind einige Arten jedoch bereits so selten geworden, daß ihr großräumiges Verschwinden befürchtet werden muß.

Ein biologischer Gärtner, dessen Verantwortung für die Natur nicht an seinem Gartenzaun endet, verzichtet daher besser auf solche Stoffe. Er kann seinen Pflanzen problemlos mit Holzasche helfen, die ebenfalls sehr kaliumreich ist. Darüber hinaus gibt es in unterirdischen Salzbergwerken große Kaliumvorkommen, die aus eingetrockneten Urmeeren stammen. Dieses Kalimagnesia ist meist mit Kochsalz vermischt, das für den Garten natürlich nicht geeignet ist.

Eine gereinigte Form ist unter der Bezeichnung Patentkali im Handel erhältlich. Das Kalium wird sehr schnell freigesetzt, sollte daher sparsam dosiert werden. In einem lebendigen Gartenboden wird ohnehin kein Kaliummangel eintreten. Mit Ausnahme von nährstoffarmen Sand- und Moorböden ist fast überall ausreichend Kalium im Boden enthalten. Es muß nur für die Pflanzen freigesetzt werden und genau das leistet z. B. der Regenwurm.

Wichtig für den Gartenboden ist auch noch der Kalk. Er sorgt dafür, daß die Verbindung von Humus und Ton lange Zeit bestehen bleibt und der Boden auf diese Weise seine wichtige, krümelige Struktur behält. Die Verwendung von Kalk ist jedoch für den unerfahrenen Bio-Gärtner ein Spiel mit dem Feuer. Nur einige saure Böden kön-

nen Kalk in größeren Mengen vertragen. Durch ihn wird die Säure gebunden, wodurch manche Pflanzenarten deutlich besser wachsen. Wenn man es übertreibt, tritt jedoch genau der umgekehrte Effekt ein: Andere wichtige Nährstoffe, wie Phosphor, werden dann in einem alkalisch reagierenden Boden gebunden, der nächste Nährstoffmangel ist vorprogrammiert. Für leichte und mittelschwere Böden empfiehlt sich Kalksteinmehl, für schwere Böden Lösch- und Brandkalk. Eine noch bessere Lösung ist die Verwendung von Algenkalk. In diesem Falle kann man bei den Algen ein gutes Gewissen haben, denn es handelt sich nur um mikroskopisch kleine Algen, die durch ihre Kalkausscheidungen jedoch größere Unterwasserriffe aufbauen können. Diese werden zur Gewinnung des Algenkalkes zu feinem Staub zermahlen. Er enthält neben dem Kalk auch noch zahlreiche Spurenelemente, die ebenfalls für die Pflanzenernährung von Bedeutung sind.

Mehr der Vollständigkeit halber sei auch noch der Torf erwähnt. In vielen Gärten kann man beobachten, wie der Gärtner dem Boden etwas Gutes tun will. Da wird der ganze Boden dicht mit Torf vermengt und Pflanzen mit Torf schon zugedeckt.

Was ist eigentlich Torf?

Torf ist oft viele tausend Jahre altes Pflanzenmaterial, das durch die Huminsäuren konserviert worden ist, die wir bei der Anlage eines Komposthaufens durch spärliche Kalkbeigaben neutralisieren. Die Bildung der Huminsäuren ist in den Mooren so stark, daß sie, zusammen mit einem sehr sauerstoffarmen Wasser, oft sämtliche Zersetzungsprozesse unterbinden. Die absterbenden Pflanzen verfaulen nicht, sondern bleiben in ihrer ursprünglichen

Was derzeit mit unseren Mooren geschieht, ist ein Trauerspiel. Riesige, wertvolle Naturgebiete werden zerstört, um Torf zu gewinnen, der entbehrlich und ersetzbar ist.

Struktur erhalten. Jahr für Jahr kommt neues Pflanzenmaterial hinzu. Über den absterbenden, sofort konserviert werdenden Moorpflanzen, wachsen neue, so daß das Moor allmählich in die Höhe wächst und zum sogenannten Hochmoor wird.

Solche Moore sind ein hochempfindlicher Lebensraum. Es gibt in ganz Deutschland nur noch einige wenige Moore, die als weitgehend intakt bezeichnet werden können. Die meisten sind längst entwässert und zerstört – in erster Linie von der Torfindustrie. Viele Tiere und Pflanzen stehen deshalb auf den Roten Listen. Schon aus diesem Grunde wird ein verantwortungsbewußter Bio-Gärtner Torf nur in Ausnahmefällen verwenden.

In den meisten Gärten gibt es solche Ausnahmefälle nicht! Der Torf ist normalerweise so sauer, daß er mehr Bodenleben vernichtet, als er jemals wiederbeleben kann. Nur bei sehr alkalischen, kalkreichen Böden kann mit Torf eine Verbesserung erreicht werden.

Auch für eine Belüftung des Bodens ist Torf nicht gut geeignet. Der gleiche Zweck läßt sich viel besser und biologischer mit kleingehacktem Stroh erreichen. Die zum gleichen Zwecke angebotenen weißen Kunststoffkügelchen aus Styropor sind als Fremdkörper in der Natur von Bio-Gärtnern abzulehnen. Sie haben auch schon zu Todesfällen bei Vögeln geführt.

Auf die Anwendung des Düngers kommt es an

Die beste Düngung im Garten geht den Umweg über den Komposthaufen. Dies betrifft besonders tierische Exkremente, die man in 2 Gruppen einteilen kann: den kalten und den hitzigen Mist. Zu den kalten Düngern gehört der Mist von Schweinen und Rindern. Dort laufen die Abbauvorgänge relativ langsam ab. Der Nährstofffluß ist gleichmäßiger, das Wachstum der Pflanzen kontinuierlicher. Anders bei hitzigem Mist. Dazu gehören die Exkremente von Pferden, Kaninchen, Ziegen, Schafen und vor allen Dingen Vögeln. Die Abbauvorgänge können dort so rasch erfolgen, daß die Pflanze geradezu verbrannt wird, wenn sie direkt mit diesem Dünger in Kontakt kommt. Ganz besonders gilt daher für hitzigen Mist, daß er erst in den Komposthaufen muß, bevor er zur Düngung verwendet werden kann.

Wer eine raschere Wirkung erzielen will, kann sich auch mit einer wäßrigen Verdünnung behelfen. Für diese sogenannten Jauchen kann man nicht nur Mist verwenden, auch bestimmte Pflanzen eignen sich dafür hervorragend. Sehr bewährt haben sich Brennesseln, die außerdem bei der Abwehr von ›Schädlingen‹ eine wichtige Rolle spielen. Voraussetzung für die Herstellung einer solchen Jauche ist ein größeres Holz- oder Plastikfaß oder ein größeres Tongefäß. Die Oberfläche von Metallfässern kann durch die oft aggressiven Jauchen angegriffen werden, so daß sich deren Verwendung nicht empfiehlt.

Neben den Exkrementen von Kühen und Vögeln, eignet sich als Jauche besonders die Brennessel. Vor der Blüte werden alle oberirdischen Teile abgeschnitten, in kleinere Stücke zerhackt und übergossen. Auch getrocknete Brennesseln lassen sich noch verwenden, so daß sich der Bio-Gärtner davon einen kleinen Vorrat anlegt. Ebenso eignen sich Beinwell sowie zahlreiche Wild- und Gartenkräuter für solche Flüssigdünger.

Wird z. B. eine Brennesseljauche hergestellt, so gibt man das Ausgangsmaterial in das Faß und übergießt es mit Regenwasser. Abgestandenes Leitungswasser eignet sich auch. Daß Faß sollte soweit gefüllt werden, bis alle Pflanzen bedeckt sind. Es sollte jedoch nicht randvoll gemacht werden, da die Jauche innerhalb der nächsten Tage sehr heftig aufschäumt und dann überfließen würde. Das Faß muß täglich umgerührt werden, um die Zersetzungsprozesse zu beschleunigen.

Ein entscheidender Nachteil aller Jauchen ist ihr Geruch. Man kann ihn jedoch weitgehend neutralisieren, wenn man Gesteinsmehl auf die Oberfläche streut, was sich auch noch aus einem anderen Grunde empfiehlt: Die aufsteigenden, stechend riechenden Gase bestehen zum größten Teil aus Stickstoffverbindungen. Diese sind ein sehr wertvoller Pflanzendünger, weshalb man sie nicht ungenutzt in die Luft entweichen lassen sollte. Sie werden zum größten Teil durch das Gesteinsmehl gebunden.

In der Jauche laufen die Abbauvorgänge sehr schnell ab. Das ist der Grund für die oft starke Schaumbildung. Durch gelegentliches Umrühren und dadurch bedingten Sauerstoffeintrag läßt sich der Vorgang wesentlich beschleunigen. Auch ein Platz an der Sonne verkürzt die Zeit, in der die Jauche heranreift, ganz erheblich. In den meisten Fällen läßt nach etwa 14 Tagen die Schaumbildung nach. Das Wasser hat dann eine bräunliche Färbung, darf in dieser Form aber noch nicht direkt an die Pflanze gelangen. Die Jauche ist noch viel zu konzentriert und würde auch bei stark zehrenden Arten zu heftigen Verbrennungen führen. Die notwendige Verdünnung hängt selbstverständlich von der Konzentration der Ausgangsstoffe ab. Wer noch nicht über ausreichende Erfahrung verfügt, verdünnt die Jauche mindestens 1:10, besser 1:20, um unliebsame Überraschungen zu vermeiden. Gegossen wird immer im Wurzelbereich, nie auf die Blätter.

Besonders stark zehrende Arten, wie Kohl und Tomaten, reagieren auf solche Sonderrationen mit deutlich besserem Wachstum.

Am sichersten geht man auch bei den Jauchen, wenn man den Weg über den Komposthaufen wählt, der regelmäßig damit begossen werden kann.

Wer sich für das Mulchen und weniger für die Kompostierung entschieden hat, kann wichtige Bestandteile des Komposthaufens auch direkt an die Pflanzen bringen. Dazu zählt z. B. die unter der Bezeichnung NPK-Dünger bekannte Kombination von Horn-, Knochen- und Blutmehl. Dieser staubförmige Dünger kann problemlos in die Mulchschicht eingearbeitet werden. Rinderdung kann nur im Herbst und auch dann nur in einer sehr dünnen Schicht direkt aufgebracht werden. Bei tierischen Exkrementen empfiehlt sich immer die Kompostierung, in einigen Fällen auch die Ansetzung einer Jauche.

Wichtig: Aus der Tierhaltung stammende Dünger dürfen auf keinen Fall mit Kalk kompostiert werden! Dadurch würden wertvolle Stickstoffverbindungen ungenutzt freigesetzt.

Die Qual der Wahl: Mulchen, Flächenkompostierung oder Komposthaufen

Die 3 unterschiedlichen Verfahren, organische Abfälle im Garten zu verwerten, stellen fast schon 3 verschiedene Weltanschauungen dar. So sehr gehen oft die Meinungen der Bio-Gärtner auseinander.

Das natürlichste Verfahren ist sicherlich das Mulchen. Das organische Material verrottet dort, wo es wirken soll.

Wo das Bodenleben noch nicht stark genug entwickelt ist, sollte man mit der Flächenkompostierung beginnen, dadurch wird neues Leben im Garten geweckt. Um halbreifen Kompost für die Flächenkompostierung zu erhalten, muß man in jedem Falle, wenn auch jeweils nur für wenige Wochen, einen Komposthaufen anlegen.

Auch dann, wenn man bereits zum ständigen Mulchen des Bodens übergegangen ist, empfiehlt sich ein, wenn auch relativ kleiner, Komposthaufen. Samentragende Wildkräuter sowie kranke Pflanzenteile sollte man nämlich nicht direkt wieder auf die Beete bringen. Die Samen würden ausschlagen und unnötige Arbeit schaffen, Pflanzenkrankheiten könnten sich unkontrolliert ausbreiten. Für solches Material ist der Komposthaufen geeignet. Man bringt es am besten in die Mitte des Haufens, wo die hohen Temperaturen entstehen, durch die Pilze, Bakterien und Samen zuverlässig abgetötet werden. Wenn man auf das Mulchen verzichtet und nur mit Kompost arbeiten will, braucht man sehr viel Platz. Man rechnet 5 bis 10 % der Gartenfläche, die man für den oder die Komposthaufen sowie einen Platz zum eventuell erforderlichen Umsetzen bereithalten muß. Wenn man hingegen mulcht, kommt man mit einem viel kleineren Komposthaufen aus.

Gut gemischt ist halb geerntet

Von tausend Pflanzen werden mindestens 999 gepflanzt, ohne daß man sich die geringsten Gedanken darüber macht, ob sie sich mit ihren pflanzlichen Nachbarn wohl vertragen. Die Pflanzen verprügeln sich zwar nicht gegenseitig mit ihren Zweigen, können jedoch aggressive und wachstumshemmende Wurzelsäfte aufeinander loslassen. Umgekehrt gibt es auch Pflanzen, die sich gegenseitig fördern.

Einige Beispiele:

Wenn man Eichen und Linden zusammenpflanzt, so gedeihen beide prächtig, weil sie sich gegenseitig fördern. Pflanzt man hingegen Birken und Kiefern zusammen, so werden nur die Kiefern ein gutes Wachstum zeigen. Sie werden durch die Ausscheidungen der Birkenwurzeln gefördert, hemmen jedoch ihrerseits ein weiteres Wachstum der Birken.

Wenn man Veilchen und Roggen zusammen aussät, passiert das, was man normalerweise erwarten würde: Beide Saaten gehen auf. Sät man jedoch Weizen und Veilchen zusammen aus, so keimt nur der Weizen, die Veilchen werden gehemmt.

Ähnliches kann man auch in jeder Blumenvase beobachten: Das aggressive Maiglöckchen läßt Flieder und Narzissen innerhalb kürzester Zeit verwelken. Ohne Maiglöckchen würden sich diese Pflanzen über viele Tage halten. Ähnlich tödlich für andere Schnittblumen ist Reseda. Auch Mohn und Orchideen mögen sich nicht. Ein Gegenbeispiel ist der Lebensbaum. Stellt man einen Zweig

von ihm in eine Vase mit blühender Kapuzinerkresse, so halten sich diese Blüten drei Tage lang. Ohne Lebensbaumzweig wären sie schon nach einem Tag verwelkt.

Es ist kein Zweifel möglich: Pflanzen scheiden über ihre Wurzeln Stoffe aus, die das Wachstum anderer, benachbarter Pflanzen positiv oder negativ beeinflussen. Die Stoffe, die dort freigesetzt werden, nennt man Phytonzide. Sie können entweder direkt auf die benachbarte Pflanze einwirken oder aber indirekt über eine Beeinflussung des Bodenlebens.

Die Sympathie der verschiedenen Pflanzenarten füreinander kann man auch direkt an ihren Wurzeln ablesen. Wenn sich Pflanzen gegenseitig fördern, sind ihre Wurzeln oft bis zur Unentwirrbarkeit verflochten. Pflanzen, die sich nicht mögen, lassen ihre Wurzeln in eine andere Richtung wachsen oder begrenzen ihr Wachstum auf einen kleineren Bereich. Dadurch kommen sie selbstverständlich schlechter an die Nährstoffe im Boden heran, so daß sie schlechter wachsen – das äußerlich sichtbare Zeichen der chemischen Kriegsführung unter Pflanzen.

Auch zwischen Pflanzen der gleichen Art, z. B. zwischen Apfelbäumen, gibt es eine solche gegenseitige Beeinflussung, die man Allelopathie nennt. Die Wissenschaft fängt jetzt erst an zu begreifen, welche oft dramatischen Vorgänge sich im Wurzelbereich abspielen. Dabei ist nicht nur die Tatsache erstaunlich, daß es auch unter Pflanzen Krieg und Frieden gibt. Erstaunlich sind auch die riesigen Mengen von Wurzelausscheidungen, die man erst vor wenigen Jahren größenordnungsmäßig ab-

►

Einer der (noch) häufigen Schmetterlinge ist das Tagpfauenauge (S. 102 unten), dessen Raupen auf Brennesseln spezialisiert sind. Der Admiral (oben) wandert bis über die Alpen.

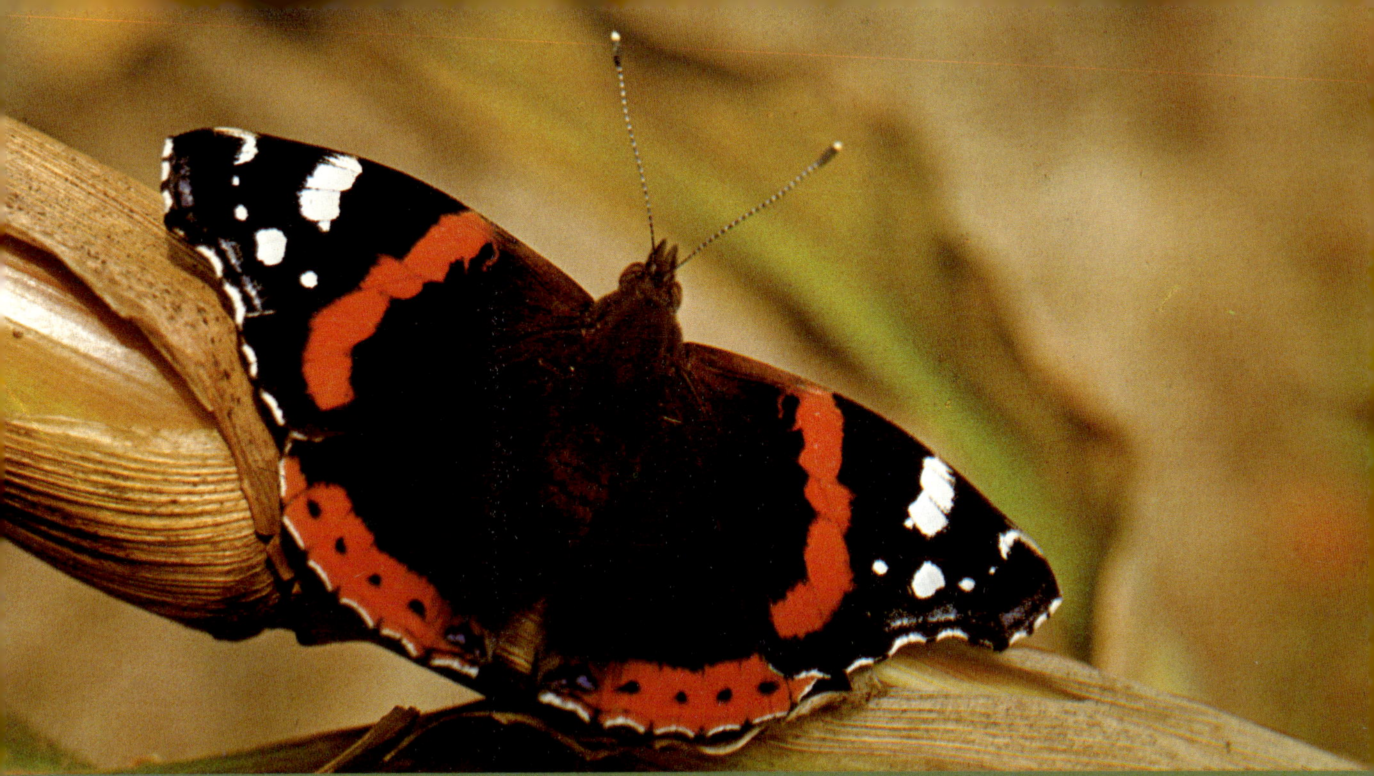

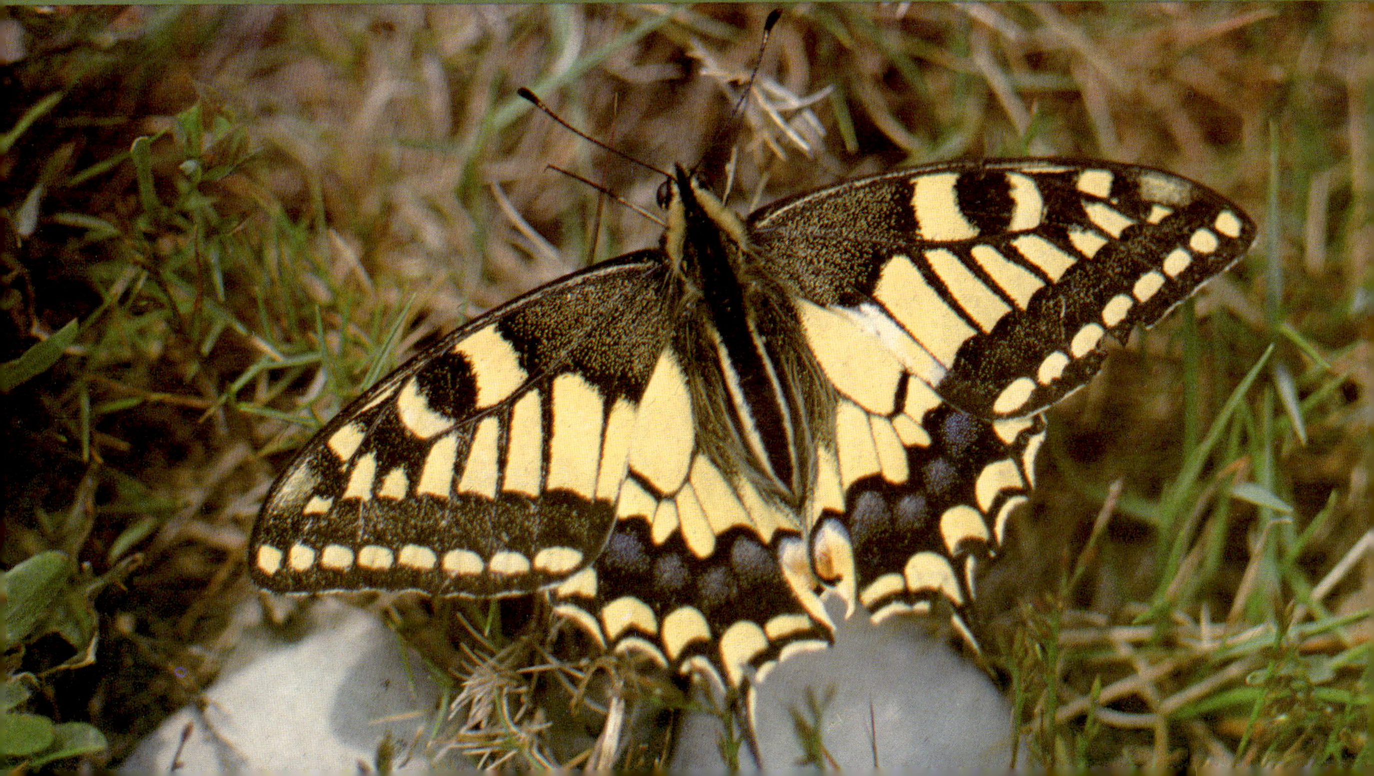

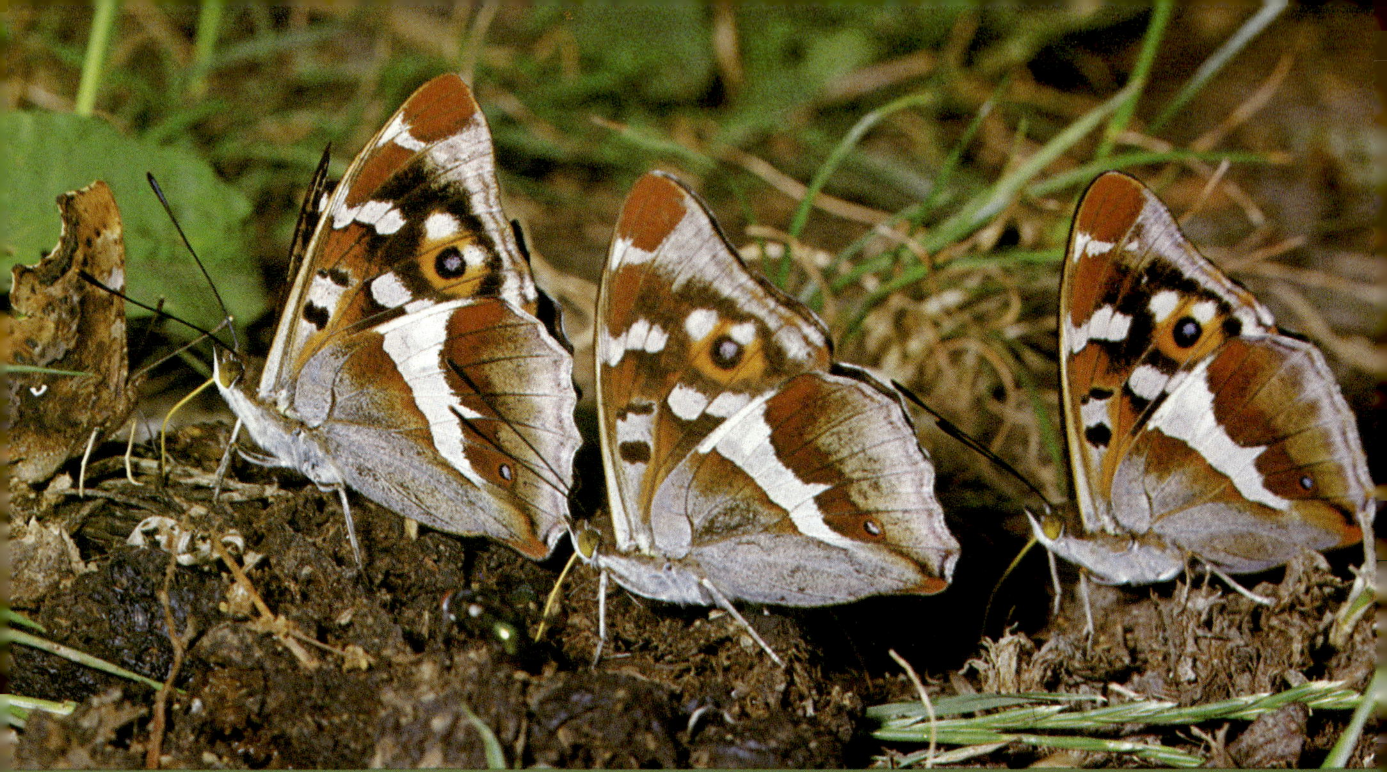

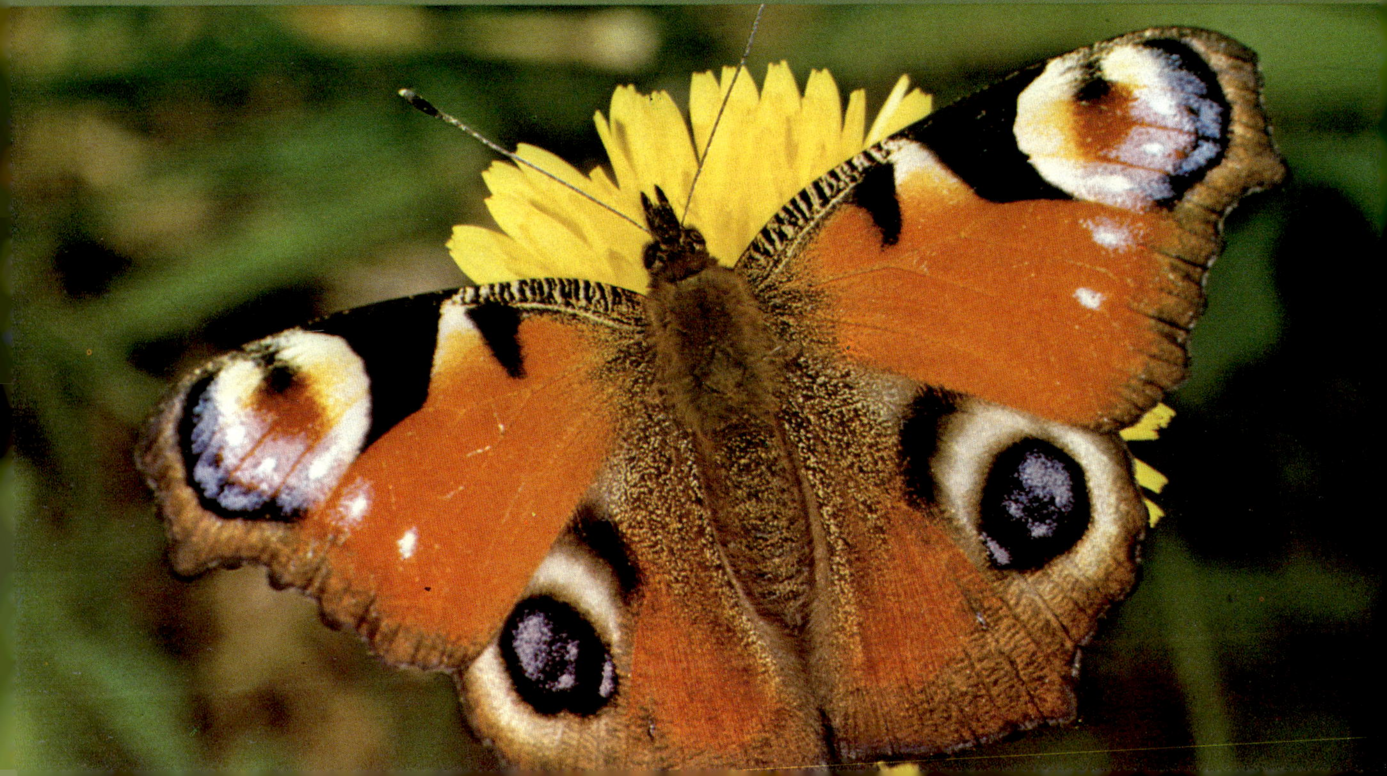

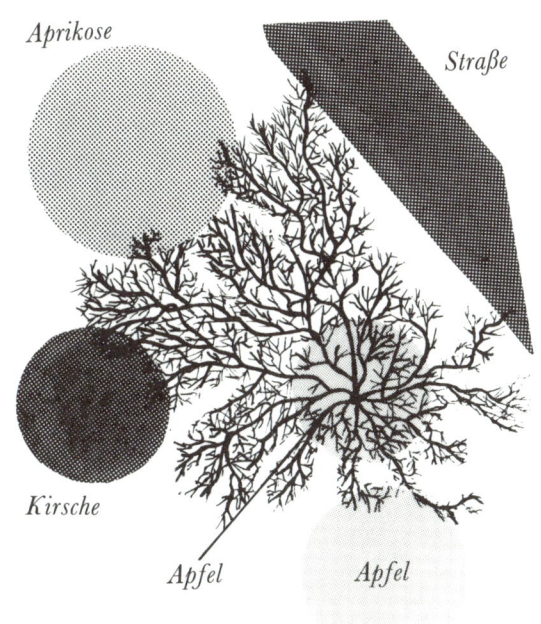

Aprikose

Straße

Kirsche

Apfel   *Apfel*

*Die Wurzelkonkurrenz zeigt sich deutlich an diesem Apfel-
baum. Seine Wurzeln meiden den Einflußbereich des anderen
Apfelbaumes, der Kirsche und der Straße und wachsen auf die
Aprikose zu.*

schätzen konnte: Ein ein Hektar großes Maisfeld
gibt im Laufe des Jahres rund 100 Tonnen
Schleimstoffe an den Boden ab. Das ist annähernd
genauso viel, wie über der Erde an Pflanzenmaterial zu sehen ist. Kein Wunder, daß diese enorme
Produktivität entscheidende Auswirkungen auf das
Bodenleben und die Nachbarpflanzen hat.

◄

*Zu den buntesten Schmetterlingen gehören Schillerfalter (oben)
und Schwalbenschwanz (S. 101 unten).*

Gute Nachbarn

Basilikum
Gurken, Tomaten

Beifuß
Kohlarten

Bohnen
Bohnenkraut[1], Endivien[2], Erdbeeren[1], Gurken,
Kartoffeln, Kapuzinerkresse[2], Kohlarten, Kohlrabi, Kopfsalat, Mais, Mangold[1], Pflücksalat[1], Radieschen, Rettiche, rote Bete[1], Rhabarber[1], Rüben,
Sellerie, Spinat[2], Tomaten[1], Zichorien[2], Zucchetti[2]

Bohnenkraut
Buschbohnen, Zwiebeln

Borretsch
Erdbeeren, Kohlarten, Kohlrabi, Zucchini

Chicoree
Fenchel

Dill
Erbsen, Gurken, Kohlarten, Kopfsalat, Möhren,
Pflücksalat, rote Bete, Rüben, Spargel, Zwiebeln

Endivien
Fenchel, Lauch, Kohlarten, Kohlrabi, Stangenbohnen

[1] Die Angaben beziehen sich nur auf Buschbohnen
[2] Die Angaben beziehen sich nur auf Stangenbohnen

Erbsen
Dill, Fenchel, Gurken, Kohlarten, Kohlrabi, Kopfsalat, Mais, Möhren, Radieschen, Rettiche, Rüben, Salbei, Zucchini

Erdbeeren
Borretsch, Buschbohnen, Knoblauch, Kohlarten, Kopfsalat, Lauch, Radieschen, Rettiche, Spinat, Zwiebeln

Estragon
Liebstöckl

Feldsalat
Fenchel

Fenchel
Chicoree, Dill, Endivien, Erbsen, Feldsalat, Gurken, Kohlarten, Kopfsalat, Pflücksalat, Salbei, Zichorien

Gurken
Basilikum, Bohnen, Dill, Erbsen, Fenchel, Knoblauch, Kohlarten, Kopfsalat, Koriander, Kümmel, Lauch, Mais, Sellerie, Sonnenblumen, Spargel, Zwiebeln, rote Bete

Himbeeren
Knoblauch

Kamille
Kartoffeln, Kohlarten, Lauch, Sellerie

Kapuzinerkresse
Kartoffeln, Obstbäume, Radieschen, Rettiche, Tomaten, Zucchini

Kartoffeln
Bohnen, Kamille, Kapuzinerkresse, Knoblauch, Kohlarten, Kohlrabi, Kümmel, Mais, Meerrettich, Pfefferminze, Spinat

Kerbel
Kopfsalat

Knoblauch
Erdbeeren, Gurken, Himbeeren, Kartoffeln, Möhren, Obstbäume, rote Bete, Tomaten

Kohlarten
Beifuß, Borretsch, Buschbohnen, Dill, Endivien, Erbsen, Fenchel, Gurken, Kamille, Kartoffeln, Kopfsalat, Koriander, Kümmel, Lauch, Mangold, Pflücksalat, Pfefferminze, Radieschen, Rettiche, rote Bete, Rhabarber, Salbei, Sellerie, Spinat, Stangenbohnen, Tomaten

Kohlrabi
Bohnen, Borretsch, Erbsen, Kartoffeln, Kopfsalat, Lauch, Radieschen, rote Bete, Schwarzwurzeln, Sellerie, Spargel, Spinat

Kopfsalat
Buschbohnen, Dill, Erbsen, Erdbeeren, Fenchel, Gurken, Kerbel, Kohlarten, Kohlrabi, Kresse, Lauch, Mais, Möhren, Pfefferminze, Radieschen, Rettiche, rote Bete, Rhabarber, Rüben, Schwarzwurzeln, Spargel, Stangenbohnen, Tomaten, Zichorien, Zwiebeln

Koriander
Gurken, Kohlarten, rote Bete

Kresse
Kopfsalat, Radieschen, Rettiche

Kümmel
Gurken, Kartoffeln, Kohlarten, rote Bete

Kürbis
Mais

Lauch
Endivien, Erdbeeren, Gurken, Kamille, Kohlarten, Kohlrabi, Kopfsalat, Schwarzwurzeln, Sellerie, Möhren, Tomaten, Zwiebeln

Liebstöckl
Estragon

Mais
Bohnen, Erbsen, Gurken, Kartoffeln, Kopfsalat, Kürbis, Tomaten, Zucchini

Mangold
Buschbohnen, Kohlarten, Möhren, Radieschen, Rettiche, Rüben

Meerrettich
Kartoffeln, Obstbäume

Möhren
Dill, Erbsen, Knoblauch, Kopfsalat, Lauch, Mangold, Pfefferminze, Pflücksalat, Radieschen, Rettiche, Rosmarin, Salbei, Schnittlauch, Schwarzwurzeln, Tomaten, Zichorien, Zwiebeln, Pflücksalat

Obstbäume
Kapuzinerkresse, Knoblauch, Meerrettich, Spinat

Petersilie
Radieschen, Rettiche, Spargel, Tomaten

Pfefferminze
Kartoffeln, Kohlarten, Kopfsalat, Möhren, Tomaten

Pflücksalat/Schnittsalat
Buschbohnen, Dill, Fenchel, Kohlarten, Möhren, Radieschen, Rettiche, rote Bete, Rhabarber, Rüben, Schwarzwurzeln, Spargel, Spinat, Tomaten

Radieschen, Rettiche
Buschbohnen, Erbsen, Erdbeeren, Kapuzinerkresse, Kohlarten, Kohlrabi, Kopfsalat, Kresse, Mangold, Möhren, Petersilie, Pflücksalat, Spinat, Stangenbohnen, Tomaten

Rhabarber
Buschbohnen, Kohlarten, Kopfsalat, Pflücksalat, Spinat

Rosmarin
Möhren, Salbei

Rote Bete
Buschbohnen, Dill, Gurken, Knoblauch, Kohlarten, Kohlrabi, Kopfsalat, Koriander, Kümmel, Pflücksalat, Spinat, Tomaten, Zwiebeln

Rüben
Buschbohnen, Dill, Erbsen, Kopfsalat, Mangold, Pflücksalat, Spinat, Stangenbohnen, Tomaten

Salbei
Bohnen, Erbsen, Fenchel, Kohlarten, Möhren, Rosmarin

Schnittlauch
Möhren

Schwarzwurzeln
Kohlrabi, Kopfsalat, Lauch, Möhren, Pflücksalat

Sellerie
Buschbohnen, Gurken, Kamille, Kohlarten, Kohlrabi, Lauch, Stangenbohnen, Tomaten

Sonnenblumen
Gurken

Spargel
Dill, Gurken, Kohlrabi, Kopfsalat, Petersilie, Pflücksalat, Tomaten

Spinat
Erdbeeren, Kartoffeln, Kohlarten, Kohlrabi, Obstbäume, Pflücksalat, Radieschen, Rettiche, rote Bete, Rhabarber, Rüben, Stangenbohnen, Tomaten

Thymian
Kohlarten

Tomaten
Basilikum, Buschbohnen, Kapuzinerkresse, Knoblauch, Kohlarten, Kopfsalat, Lauch, Mais, Möhren, Petersilie, Pfefferminze, Pflücksalat, Radieschen, Rettiche, rote Bete, Rüben, Sellerie, Spargel, Spinat, Zichorien

Zucchetti
Stangenbohnen, Zwiebeln

Zucchini
Borretsch, Erbsen, Kapuzinerkresse, Mais, Stangenbohnen, Zwiebeln

Zichorien
Fenchel, Kopfsalat, Möhren, Stangenbohnen, Tomaten, Zwiebeln

Zwiebeln
Dill, Erdbeeren, Gurken, Kamille, Kopfsalat, Lauch, Möhren, rote Bete, Zucchetti

Schlechte Nachbarn

Bohnen
Erbsen, Fenchel, Knoblauch, Lauch, Zwiebeln

Erbsen
Bohnen, Kartoffeln, Knoblauch, Lauch, Tomaten, Zwiebeln

Erdbeeren
Kohlarten

Fenchel
Buschbohnen, Stangenbohnen, Tomaten

Gurken
Kartoffeln, Radieschen, Rettiche, Tomaten

Kamille
Pfefferminze

Kartoffeln
Erbsen, Gurken, Kohlarten, Kürbis, rote Bete, Sellerie, Sonnenblumen, Tomaten

Knoblauch
Buschbohnen, Erbsen, Kohlarten, Spargel, Stangenbohnen

Kohlarten
Erdbeeren, Kartoffeln, Knoblauch, Zwiebeln

Kopfsalat
Petersilie, Sellerie

Kümmel
Fenchel

Kürbis
Kartoffeln

Lauch
Bohnen, Buschbohnen, Erbsen, Petersilie, rote Bete, Stangenbohnen

Mais
rote Bete, Sellerie

Möhren
rote Bete

Petersilie
Kopfsalat, Lauch

Radieschen, Rettiche
Gurken

Rote Bete
Kartoffeln, Lauch, Mais, Möhren, Spinat, Stangenbohnen

Sellerie
Kartoffeln, Kopfsalat, Mais

Sonnenblumen
Kartoffeln

Spargel
Knoblauch, Zwiebeln

Spinat
rote Bete

Tomaten
Erbsen, Fenchel, Gurken, Kartoffeln

Zwiebeln
Buschbohnen, Erbsen, Kohlarten, Spargel, Stangenbohnen

Die Kräuter – gesund für Mensch und Garten

Die meisten Kräuter zeichnen sich durch einen sehr intensiven Geschmack und Geruch aus. Sie werden zum größten Teil bereits seit Jahrhunderten in den Kräutergärten gepflegt, so daß man auch interessante Wechselwirkungen mit anderen Pflanzen herausgefunden hat. So wird durch die Kräuter auch der Geschmack benachbarter Pflanzen beeinflußt, in vielen Fällen erheblich verbessert. Dies betrifft z. B. Knoblauch und Erdbeeren, Dill und Möhren, Frühkartoffeln und Koriander, Kümmel und Gurken etc.

Auch zur Abwehr bestimmter Schädlinge können sie eingesetzt werden, so daß sich Kräuter für einen Mischgarten geradezu anbieten. Die guten und schlechten Nachbarschaften sind in der Übersichtsliste aufgeführt.

Bei der Verwendung in einer Mischkultur ist allerdings zu berücksichtigen, daß es neben den einjährigen Kräutern, auch zwei- und mehrjährige Arten gibt, die man natürlich nicht ständig umsetzen kann. Dennoch sollte man auch bei diesen mehrjährigen Kräutern eine weite Verteilung innerhalb des Gartens anstreben.

Die richtige Mischung gegen tierische Schädlinge

Auch gegen tierische Schädlinge können sich Pflanzen in einer bunt gemischten Lebensgemeinschaft viel besser behaupten. Ein echtes Traumpaar sind z. B. Zwiebeln und Möhren, aber auch Lauch (Porree) und Möhren. Jede Pflanzenart hat ihren speziellen Feind. Lauchmotten, Zwiebel- und Möhrenfliegen können erhebliche Ernteverluste verursachen. Nicht jedoch, wenn diese Pflanzen dicht zusammengesetzt werden. Für Zwiebelfliegen und Lauchmotten ist der Möhrengeruch so unangenehm, daß sie lieber den ganzen Garten meiden. Umgekehrt werden Möhrenfliegen von Lauch und Zwiebeln zuverlässig abgehalten.

Eine solche Partnerschaft zwischen Pflanzen ist kein Einzelfall. Wer das Gewürz Bohnenkraut in die Nähe der Bohnen pflanzt, wird mit Blattläusen an den Bohnen kaum noch Schwierigkeiten haben. Tomaten und Obstbäume wiederum können durch Garten- und Kapuzinerkresse blattlausfrei gehalten werden. Und auch die gefürchteten Kohlweißlinge lassen sich abhalten, wenn die Gewürze Salbei, Rosmarin, Beifuß, Pfefferminze und Thymian in die Nähe des Kohls gepflanzt werden. Auch Schnittsellerie hat sich in der Nachbarschaft des Kohls bewährt: Erdflöhe werden wirksam abgehalten.

Dies sind nur einige wenige Beispiele der positiven oder negativen Nachbarschaften unter Pflanzen. Durch eine Mischkultur, die diese Wechelwirkungen berücksichtigt, lassen sich viele Probleme im Zusammenhang mit dem Schädlingsbefall im Keim ersticken.

Voraussetzung für eine solche Mischkultur ist also ein genauer Plan. Man muß die positiven und negativen Auswirkungen der einzelnen Pflanzen sorgfältig gegeneinander abwägen, was man nicht dann tun kann, wenn man bereits mit dem Saatgut durch den Garten läuft.

Nur ein solch genauer Pflanzplan gewährleistet auch, daß man die Aussaat in den einzelnen Jahren aufeinander abstimmen kann. Tomaten wachsen z. B. am besten an der Stelle, an der auch im Vorjahr Tomaten gestanden haben. Bei Petersilie ist es genau umgekehrt. Die kann ihren eigenen Geruch nicht leiden und würde am gleichen Pflanzplatz nur dahinkümmern.

Im Normalfall ist der Standort von schwach- und starkzehrenden Arten jährlich zu wechseln. Dadurch kann man verhindern, daß der Boden an einer Stelle zu stark ausgelaugt wird.

Die Umstellung auf eine solche Mischkultur ist nicht einfach. In jedem Garten kann man jedoch leicht einen Probelauf machen, mit Hilfe des Hügelbeetes.

Das Hügelbeet – ein Komposthaufen, auf dem man pflanzen kann

Die Idee, die einem Hügelbeet zugrunde liegt, ist sehr einfach. Die gesamte Oberfläche eines Hügels ist größer als seine Grundfläche. Wenn man daher einen Hügel aufwirft, kann man mehr Pflanzen ziehen, als auf der ebenen Erde. Ursprünglich war das Hügelbeet eine noch nicht einmal kniehohe Bodenwelle.

Dann begann geradezu ein Wettbewerb unter Bio-Gärtnern: Das Hügelbeet wurde aus unterschiedlichen Materialien geschichtet, verschiedenste Zusätze wurden erprobt und die Abmessungen des gesamten Hügels variiert. Die ursprüngliche

Bodenwelle ist heute nicht mehr wiederzuerkennen. Zwei Meter hoch werden organische Stoffe aufeinandergeschichtet und mit Erde vermischt. Das was dabei herauskommt, widerspricht auf dem ersten Blick jeglicher gärtnerischer Erfahrung. Die verrottenden, sauerstoffverbrauchenden Stoffe liegen tief innerhalb dieses Hügels, kommen also zumindest mit einem Teil der Wurzeln in Kontakt. Und dennoch funktioniert es! Ein gutes Hügelbeet bringt Erträge, gegen die die übliche Handelsklasse A wie ein schäbiges Gewächs aussieht.

Der enorme Vorteil eines Hügelbeetes ist, daß in einem begrenzten Teilstück des Gartens ein biologischer Anbau von Pflanzen durchgeführt werden kann. Die Anlage eines Hügelbeetes empfiehlt sich daher besonders demjenigen, der sich auf die naturgemäße Bewirtschaftung seines Gartens umstellen möchte. Hier hat er schnell einen greifbaren Erfolg, bis sich das Bodenleben im Garten ausreichend vermehrt hat.

Die Anlage beginnt mit dem Ausheben einer Grube. Etwa 25 cm tief sollte sie sein, 1 m breit sowie etwa 60 cm kürzer als die geplante Länge des Hügelbeetes. Dieses Loch wird zunächst mit Reisig, aber auch groben, ruhig mehrere Zentimeter dicken Ästen gefüllt. Sie sollten die ganze Grube ausfüllen und noch mindestens 25 cm darüber hinausragen. Die nächste Schicht, mit der dieser Reisighaufen überlagert wird, besteht üblicherweise aus Grasplaggen, also Rasenplatten, die einschließlich der Wurzeln ausgestochen worden sind. Diese werden mit der Grasseite nach unten auf das Reisig gelegt. Über dieser Schicht werden grobe, organische Abfälle aufgetürmt. Es empfiehlt sich, diese mit Lehm zu mischen oder direkt käufliches Urgesteinsmehl zu verwenden. Über diese Schicht aus Laub, Stroh, Küchenabfälle etc. wird noch eine Schicht Dung ausgebreitet. Anschließend erhält das Hügelbeet noch eine mindestens 10 cm dicke Erdabdeckung, die ebenfalls einen ausreichend großen Lehmanteil besitzen sollte.

Und was unterscheidet ein solches Hügelbeet nun von einem Komposthaufen? Im Prinzip nur die Zielsetzung. In einem Komposthaufen soll die Verrottung organischen Materials so erfolgen, daß möglichst hochwertige Humusstoffe entstehen, die im richtigen Moment durch die Verteilung an die Pflanzen gelangen. Ein Hügelbeet wird ebenfalls mit Nährstoffen vollgepackt, diese werden jedoch nie über den Garten verteilt, sondern es wird direkt darauf gepflanzt. Daraus ergibt sich auch bereits der fundamentale Nachteil eines Hügelbeetes. Man erhält zwar enorme Ernten, doch man schöpft nur einen Teil der Nährstoffe aus, die ein solches Hügelbeet besitzt. Genauso wie ein reifer Komposthaufen mit jedem Tag an Qualität verliert, genauso geschieht es mit den Inhaltsstoffen des Hügelbeetes. Mit zunehmendem Alter werden sie stärker mineralisiert und damit in Verbindungen überführt, die für die Pflanze schlechter nutzbar sind.

Andererseits hat ein Hügelbeet den unbestreitbaren Vorteil, durch die in seinem Inneren entstehende Zersetzungswärme sehr frühe und sehr späte Ernten zu ermöglichen. Deshalb muß man im Sommer aufpassen, daß das Hügelbeet nicht austrocknet. Auf dem Hügelbeet sollte daher eine sogenannte Gußrinne angelegt werden, die leicht abfällt und über die das Beet zentral und problemlos bewässert werden kann.

Erwähnt sei noch, daß sich an der Mixtur eines solchen Hügelbeetes die Geister vieler Bio-Gärtner scheiden. Häufig wird als dicke, zusätzliche Schicht Torf empfohlen, was allerdings unsinnig ist, denn das Hügelbeet wird durch die entstehenden Huminsäuren noch aus eigener Kraft sauer genug.

Außerdem ist die Verwendung von Torf aus Sicht des Naturschutzes nur schwer vertretbar.

Biologisch gesehen ist das Hügelbeet ein Provisorium. Es ist ein Notfall in kleinen Gärten, die schon aufgrund ihrer geringen Fläche keinen ausreichenden Ertrag bringen können. Eine Übergangslösung ist es bei der Umstellung auf den biologischen Gartenbau. Das Bodenleben braucht nun mal einige Zeit, um großflächig aktiviert zu werden. Diese Zeit kann man mit einem Hügelbeet überbrücken. Immerhin kann man fünf bis sechs Jahre lang mit guten Ernten rechnen. Bis dahin ist das Hügelbeet wieder auf das kniehohe Format seiner Vorbilder zusammengesackt.

Großflächige Mischkultur – die beste Lösung

Die Entwicklung der Mischkultur in Deutschland ist untrennbar mit den Namen von Frau Gertrud Franck verbunden. In jahrzehntelanger Arbeit hat sie ein System ausgetüftelt, das an Perfektion bislang unübertroffen ist. Der Garten wird zu einem stabilen Lebensraum für Tiere und Pflanzen und gestattet dennoch Ernten, die an Qualität und Quantität nur schwer zu überbieten sind. Die Einteilung einer solchen großflächigen Mischkultur beginnt zunächst sehr schematisch. In einem Abstand von 50 cm (in kleineren Gärten können es auch ruhig 40 cm sein), werden Spinatreihen gesät. Diesen Spinat kann man hinterher zwar essen, doch dient er in erster Linie dazu, den Pflanzen Schutz zu geben, die zwischen die einzelnen Spinatreihen gesät werden.

Die Gartenpflanzen kann man grob in 3 Kategorien einteilen:

In der Gruppe A sind zunächst einmal die Pflanzen, die das ganze Jahr über wachsen und ihren Platz im Garten benötigen. Dazu gehören z. B. Gurken, Stangenbohnen, Kartoffeln und Tomaten. In die Kategorie B gehören die Pflanzen, die nur während eines Teiles der Vegetationszeit ihren Platz beanspruchen. Dazu gehören z. B. Zwiebeln, Schwarzwurzeln, Frühkohl, rote Rüben, Blumenkohl und Sellerie. Diese Pflanzen kann man entweder zweimal im Jahr ernten oder sie lösen einander ab. Wenn schnellwüchsige Pflanzen im Frühsommer geerntet werden, kann man problemlos noch die Arten säen, die erst im Herbst reif werden. In die Kategorie C fallen die Pflanzen, die in noch kürzeren Abständen heranreifen. Dazu gehören z. B. Frühkarotten, gelbe Rüben, verschiedene Salatsorten, vor allen Dingen Kopf- und Endiviensalat, Fenchel und Kohlrabi. Pflanzen aus der Kategorie A werden zwischen die erste und zweite Spinatreihe gepflanzt. Zwischen der zweiten und dritten Reihe finden die rasch wachsenden Pflanzen aus der Kategorie C ihren Platz. Zwischen die dritte und vierte Spinatreihe setzt man die zweimal im Jahr zu erntenden Pflanzen aus der Kategorie B. Zwischen die vierte und fünfte Spinatreihe werden

▶

Die Einteilung des Gartens im Frühjahr. Dort, wo die Schnüre gespannt wurden, werden die Spinatreihen gesät (links oben). Die Spinatreihen sind aufgegangen. Zwischen die Reihen wurden Etiketten gesteckt, um die Aussaat zu kennzeichnen (rechts oben). Zwischen den Spinatreihen beginnt das Wachstum der Roten Rüben (links unten).
Nachdem die Kulturen aufgegangen sind, wird der Spinat entfernt und die dadurch freiwerdenden Reihen mit einer Mulchschicht bedeckt (rechts unten).

Im Laufe der Zeit wird die Mischkultur so dicht, daß nur noch kleine Stellen des gemulchten Bodens zu erkennen sind. Wo Pflanzen entnommen werden, muß sofort neu gemulcht werden, um das Wachstum von Wildkräutern zu unterdrücken.

schnitten, seine Wurzeln verbleiben im Boden. Dort, wo bislang der Spinat stand, wird anschließend sofort gemulcht, damit kein unbedeckter Boden in der Sonne trocknet. Es empfiehlt sich, für diese Mulchschicht auch reichlich Stroh zu verwenden, man kann dann problemlos darauf laufen.

Das nebenstehende Pflanzschema macht die Aufteilung deutlich.

Eine besondere Rolle spielt in einer solchen Mischkultur die Gründüngung. Damit kann man bereits im Frühjahr beginnen. An den Stellen, an denen erst im Mai z. B. Tomaten oder Kohlarten gepflanzt werden sollen, kann man eine Vorkultur mit Ackerbohnen anlegen. Diese Pflanze führt zu einer erheblichen Anreicherung von Stickstoff im Boden. Niemals dürfen solche Wurzeln herausgerissen werden. Die oberirdischen Teile werden abgeschnitten und zum Mulchen verwandt. Hervorragend geeignet für Voraussaaten ist auch der Senf. Die Pflanzen wachsen innerhalb weniger Tage heran und können praktisch alle bei uns heimischen Wildkräuter überwuchern.

Besonders wichtig ist die Gründüngung im Herbst. Wo geerntete Pflanzen entnommen werden, wird sofort Senf oder ein anderer Gründünger ausgestreut. Sobald tiefere Minusgrade erreicht werden, sterben die Pflanzen von allein ab und sind im nächsten Frühjahr nur noch als zerbrechliche, sofort zu Staub zerfallende Strukturen sichtbar.

Die Zusammenstellung der Pflanzen erfolgt selbstverständlich nicht wahllos, sondern je nach ihrer Verträglichkeit. Im nächsten Jahr rücken alle Pflanzenreihen um 25 cm weiter. Dort wo im letzten Jahr die Kulturpflanzen standen, wird jetzt die neue Spinatreihe gesät. Dort wo im letzten Jahr Spinat wuchs und ausreichend gemulcht worden ist, dort ist jetzt ein hervorragender Boden bereitet.

wieder kurzlebige Gartenpflanzen aus der Kategorie C gepflanzt und der Platz zwischen den folgenden beiden Reihen ist wieder für Pflanzen aus der Kategorie A reserviert. Dieses Muster kann man beliebig oft wiederholen. Wählt man einen Abstand von 50 cm zwischen den Spinatreihen, so liegen die beiden A-Reihen genau 2 m auseinander. Die Entfernung zwischen einer A- und einer B-Reihe beträgt 1 m, zwischen ihnen liegt jeweils noch eine C-Reihe.

Und die schönen festgetretenen Wege? Sie gibt es nicht mehr! Sobald die eigentlichen Kulturpflanzen herangewachsen sind, wird der Spinat abge-

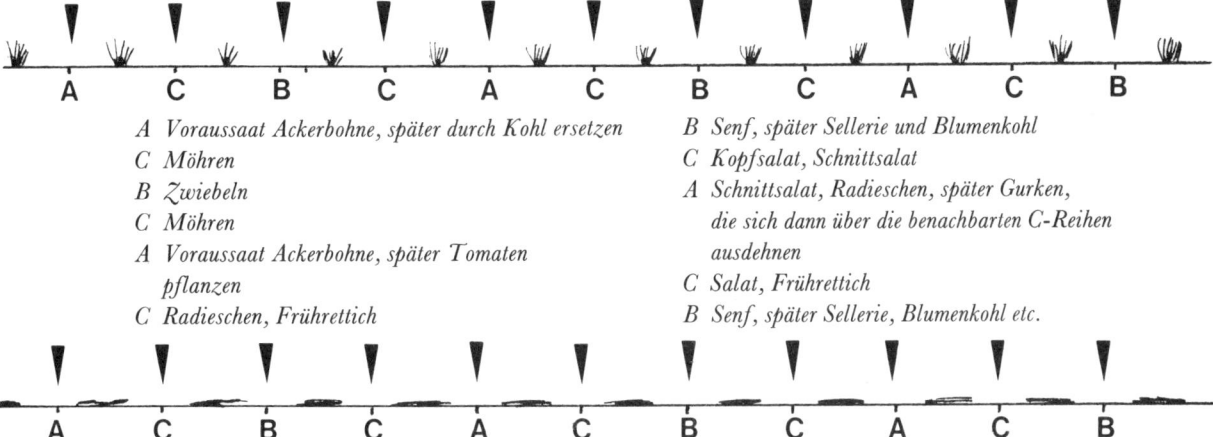

A Voraussaat Ackerbohne, später durch Kohl ersetzen
C Möhren
B Zwiebeln
C Möhren
A Voraussaat Ackerbohne, später Tomaten
  pflanzen
C Radieschen, Frührettich

B Senf, später Sellerie und Blumenkohl
C Kopfsalat, Schnittsalat
A Schnittsalat, Radieschen, später Gurken,
  die sich dann über die benachbarten C-Reihen
  ausdehnen
C Salat, Frührettich
B Senf, später Sellerie, Blumenkohl etc.

So sieht die Schemazeichnung für eine Mischkultur aus: Zwischen den Spinatreihen, die später abgeschnitten und mit einer Mulchschicht überdeckt werden, legt man die A-, B- und C-Reihen an und notiert sich, welche Pflanzen man dort gesät hat.

Eine solche Mischkultur wird allen Anforderungen gerecht. Alle Pflanzen können in eine direkte, unmittelbare Nachbarschaft gebracht werden. Durch das Mulchen werden dem Boden ständig neue Nährstoffe zugeführt. Der Wurzelbereich stark zehrender Pflanzen kann zusätzlich mit Jauche begossen werden. Durch die Gründüngung wird eine kontinuierliche Bodenverbesserung erreicht.

Schädlingsabwehr – auf biologische Art

In einem gut gepflegten, biologischen Garten mit einer intelligent angelegten Mischkultur wird man nur wenig Probleme mit Schädlingen haben. Durch die größere Vielfalt im Garten ist das Gleichgewicht stabiler. Im Gegensatz zu einem mit Hilfe der Chemie gepflegten Garten besteht das Ziel eines solchen biologischen Gartens nicht darin, etwaige Schädlinge völlig zu vernichten. Man

weiß, daß sie da sind – denn letztlich haben sie auch ihren Platz in der Natur. Ein Nahrungskonkurrent des Menschen wird nur dann zum Schädling, wenn er sich übermäßig vermehrt. Nur diese Übervermehrung ist also zu verhindern, nicht aber bereits das Auftreten einzelner Individuen.

Wenn Sie daher Blattläuse an einigen Pflanzen sehen, mit denen sich bereits Florfliegenlarven und Marienkäfer beschäftigen, dann lassen Sie die Blattläuse wo sie sind. Einige wenige können Sie nicht schädigen. Würden Sie sie jetzt vernichten, so würden Sie auch deren natürlichen Feinden die Lebensgrundlage entziehen, so daß diese abwandern müßten. Dadurch würden sich wieder Blattläuse an anderen Stellen überreichlich vermehren, denn das Gleichgewicht wäre dann gestört.

Besonders in der Übergangszeit zum biologischen Gartenbau kann es jedoch gelegentlich zu Fehlentwicklungen kommen. Das Gleichgewicht ist noch nicht so eingespielt, daß jeder mögliche Schädling sofort durch natürliche Feinde unter Kontrolle gebracht werden kann.

Nur für diese ausgesprochenen Notfälle gelten also die folgenden Tips, mit denen man eine Massenvermehrung zurückdrängen bzw. ihr wirksam vorbeugen kann.

Die Vorbeugung ist immer noch das beste Mittel. Durch das geschickte Zusammenpflanzen verschiedener Arten kann man Schadwirkungen schon von vornherein begrenzen. Auch ein gesunder Boden, der die Pflanzen kräftiger und widerstandsfähiger macht, leistet einen wirkungsvollen Beitrag zur biologischen Schädlingsbekämpfung.

Wenn das Gleichgewicht gestört ist

Man muß nicht gleich zu chemischen Giften greifen, die meist einen verheerenden Einfluß auf die gesamte Lebensgemeinschaft haben. Man kann auch Hausmittel benutzen, die dem biologischen Gärtner in großer, fast immer ausreichender Zahl zur Verfügung stehen.

Ein sehr beliebtes Mittel ist die Herstellung von Brühen, mit denen die Pflanzen übersprüht werden. Einige dieser Mittel erhöhen lediglich die Widerstandskraft der Pflanze, andere wirken direkt tödlich auf den Schädling.

Rezepte für biologische Spritzmittel

Ein sehr beliebtes Mittel ist die Brennesselbrühe. In dem Kapitel über die Pflanzendüngung haben wir bereits Brennesseljauche kennengelernt, die das Wachstum der Pflanze fördert und dabei ihre Widerstandskraft stärkt. Brennesselbrühe wird sehr ähnlich angesetzt. Dabei werden ein Kilogramm frische oder einhundert bis einhundertfünfzig Gramm getrocknete Brennesseln mit zehn Liter Wasser übergossen. Im Gegensatz zur Brennessel-

jauche wird die Brühe bereits vor Einsetzen der Gärungsprozesse, also bereits nach etwa zwei Tagen verwandt. Sie wird unverdünnt über die Pflanzen gespritzt und wirkt zuverlässig gegen Blattläuse. Gelegentliche Mißerfolge sind fast immer darauf zurückzuführen, daß die Brühe zu lange gestanden hat. Die aggressiven Substanzen sind bereits nach drei bis vier Tagen zum erheblichen Teil abgebaut.

Auf gleiche Weise läßt sich auch eine Brühe aus Beinwellpflanzen (Comfrey) herstellen. Sie wirkt auf annähernd gleiche Weise und kann auch gut mit Brennesselbrühe gemischt werden.

Eine für solche Notfälle wichtige Pflanze ist auch der Ackerschachtelhalm. Er zeigt eine sehr starke Wirkung bei Pilzkrankheiten wie dem Echten und Falschen Mehltau sowie Rost und Schorf. Auch gegen Milben läßt sich diese Pflanze einsetzen. Man stellt ebenfalls eine Brühe her, in der ein Kilo frisches Pflanzenmaterial (oder einhundertfünfzig Gramm getrocknete Pflanzen) mit zehn Liter Wasser übergossen werden. Zur Erhöhung der Wirksamkeit wird empfohlen, diesen Aufguß am nächsten Tag eine halbe Stunde lang bei kleiner Flamme zu kochen, ihn abkühlen zu lassen und dann in fünffacher Verdünnung anzuwenden. Dies geschieht am besten bei sonnigem Wetter durch Übersprühen der erkrankten Pflanzen. Im Frühjahr kann man auch die Knospen vorbeugend behandeln.

Eine zur Anfertigung solcher Brühen sehr wirksame Pflanze ist auch der Rainfarn. Er wirkt gegen unterschiedlichste Arten, so gegen verschiedene Milbenarten, Rost, Mehltau, den Erdbeerblütenstecher, den Himbeerkäfer sowie Blattwespen. Bei den erforderlichen Mengen gibt es unterschiedliche Erfahrungen. Manche Bio-Gärtner nehmen dreihundert bis fünfhundert Gramm frisches Pflanzenmaterial auf zehn Liter Wasser, andere drei Kilo. Nachdem die Pflanzen einen Tag lang mit Wasser überdeckt waren, werden sie eine halbe Stunde lang gekocht. Anstelle des frischen Rainfarnes kann man auch getrocknetes Material verwenden. Man nimmt dann etwa dreißig Gramm auf zehn Liter Wasser.

Falls ein Befall zu befürchten ist, kann im Winter der Boden mit der Brühe übersprüht werden. Für Spritzungen im Sommer muß die Brühe anderthalb bis zweifach verdünnt werden.

Auch Wurm- und Adlerfarn besitzen Inhaltsstoffe, mit denen man Schild-, Blut- und Schmierläuse dezimieren kann. Die Pflanzen werden entweder als Jauche angesetzt und dann längere Zeit stehen gelassen oder aber als Brühe zubereitet und dann nach einem Tag etwa dreißig Minuten lang aufgekocht. Benötigt wird fünf Kilo frisches oder ein halbes bis ein Kilo trockenes Pflanzenmaterial, das mit zehn Liter Wasser übergossen wird. Während die Jauche unverdünnt eingesetzt wird, muß die Brühe wegen ihrer höheren Wirksamkeit zehnfach verdünnt werden. Farn ist sehr kaliumreich, weshalb sich die Jauche auch hervorragend als Kompostbeigabe eignet.

Gegen Blattläuse, Säulchenrost, Brombeermilben und Apfelwickler hilft eine Wermutbrühe. Dafür benötigt man ein Kilo frisches Pflanzenmaterial oder dreißig bis fünfzig Gramm getrockneten Wermut. Dies wird mit zehn Liter Wasser gemischt, einen Tag stehen gelassen und dann wie üblich etwa dreißig Minuten lang aufgekocht. Man kann sich auch gleich einen Tee herstellen, in dem man die Pflanzen mit heißem Wasser überbrüht und stehen läßt. Im Juni und Juli wirkt auch noch stark verdünnter Tee zuverlässig gegen Blattläuse und den Apfelwickler. Im Herbst verwendet man die zweifach verdünnte Brühe.

Auch Zwiebeln und Knoblauch lassen sich zu wirkungsvollen Brühen und Tees verarbeiten. Sie wirken gut gegen verschiedene Pilzkrankheiten und Milben.

Neben diesen Brühen kann man sich auch noch verschiedene Lösungen von Chemikalien herstellen. Gegen Blattläuse wirkt sehr gut eine zweiprozentige Schmierseifen-Lösung, die die Fettschicht auf deren Körper auflöst und dadurch zu schweren Schädigungen führt. Es dürfte jedoch kaum möglich sein, solche Mittel nur gezielt gegen die Schädlinge einzusetzen.

Gegen verschiedene Pflanzenläuse und Pilzerkrankungen wirken Gesteinsmehl, Holzasche und Algenkalk, die über die befallenen Blätter gestäubt werden können.

Die biologische Schädlingsbekämpfung – eine Übersicht

Ameisen

Die großen, im Wald lebenden Arten, wie die rote Waldameise, kommen in Gärten praktisch nicht vor. Falls dies doch der Fall ist, sollte man sie unbedingt fördern, denn ein besserer Helfer als ein solches Ameisenvolk dürfte nur schwer zu finden sein.

Etwas problematischer können Rasenameisen sein, die zwar auch nicht direkt schädlich sind, jedoch an den Pflanzen Kulturen von Blattläusen anlegen, die sie hegen und pflegen. Falls sich ihr Nest in Hausnähe befindet, können sie gelegentlich auch durch Mauerfugen dort eindringen und besonders gern über süße Sachen herfallen. Falls Sie dies in einem sehr frühen Stadium merken, sollten Sie das Nest der Ameisen suchen und einen Blumentopf aus Ton darüber stülpen. Die Ameisen werden dies zunächst für eine ausgesprochene Nettigkeit halten, ihr Nest in diesem Topf ansiedeln und auch ihre gesamte Brut dorthin bringen. Dann haben Sie so gut wie gewonnen. Sie können den Topf nehmen und in einiger Entfernung in einer Hecke ausleeren.

Zur Vertreibung der Ameisen können Sie auch Kerbel und Lavendel verwenden. Sie sollten diese Pflanzen an gefährdeten Stellen ansiedeln.

Blattläuse

Etwa achthundertfünfzig verschiedene Arten sind in Mitteleuropa bekannt. Bei der Beurteilung des Schadens wird oft Ursache und Wirkung verwechselt. Eine Pflanze ist nur selten krank, weil Blattläuse daran sitzen, sondern Blattläuse sitzen an der Pflanze, weil diese krank ist. Meist sind die natürlichen Saftströme in der Pflanze gestört. Dies kann sehr leicht durch chemische Kunstdünger geschehen, die die Wasserverhältnisse in der Pflanze völlig verändern. Sobald die Pflanzen gesund ernährt werden, verschwinden die Blattläuse meist von selbst.

Restbestände die sich halten, sind in den meisten Fällen unschädlich. In einem biologischen Garten gibt es darüber hinaus zahlreiche Tiere, die ihre Zahl stark dezimieren. Sehr leicht lassen sich Ohrwürmer ansiedeln, Florfliegen und Marienkäfer kommen meist von selbst. Zur direkten Bekämpfung eignen sich verschiedene Brühen, so z. B. Brennessel- und Wermutbrühe, die aber nur in Notfällen eingesetzt werden sollten.

Die erwachsenen Schwebfliegen schwirren geschickt um die Blüten. Ihre Larven sind eher unförmig, aber dennoch wichtig für den Garten. Sie dezimieren die Blattlauskolonien.

Der Nashornkäfer ist erschreckend selten geworden. Früher fand man ihn regelmäßig in der Nachbarschaft von Sägewerken, wo seine großen Larven in altem Sägemehl lebten. Ihm kann man helfen, indem man im Garten eine Grube gräbt und sie mit Sägeabfällen füllt. Gelegentlich findet man die Larven auch in Komposthaufen. Man sollte sie dann in solche Holzmehlgruben umsetzen.

Blutläuse

Sie treten häufiger an Obstbäumen auf und sind an weißen, wollähnlichen Wachsausscheidungen zu erkennen, unter denen sie sich befinden. Häufig hilft es, Kapuzinerkresse auf der Baumscheibe auszusäen oder die Bäume mit Farnkraut-Brühe zu spritzen. Im Notfall hilft eine Schmierseifen-Lösung, der auf zehn Liter noch etwa ein Drittel Liter Brennspiritus zugesetzt worden ist.

Drahtwürmer

Es handelt sich um die Larven von Schnellkäfern, die bei Massenvermehrung zu Schäden im Wurzelbereich führen können. Eine solche Vermehrung ist allerdings nur in sehr unbiologischen Gärten zu erwarten. An gefährdeten Stellen, dazu zählt besonders Salat, kann man durchgeschnittene Kartoffeln in den Boden drücken, in denen sich die Drahtwürmer sammeln.

Engerlinge

Diese Larven des Maikäfers sind in weiten Bereichen Deutschlands erstaunlich selten geworden, so daß sie kaum noch eine Rolle spielen. In einem biologischen Garten werden sie durch die Vielzahl natürlicher Feinde (z. B. Maulwürfe) ohnehin unter Kontrolle gehalten. Bei stärkerem Befall sollte eine Mischkultur mit Knoblauch versucht werden. Ähnlich, jedoch deutlich größer, sind die Larven des Nashornkäfers, der gelegentlich in Komposthaufen zu finden ist. Ihn sollte man unbedingt schonen, da er sehr selten geworden ist.

Erbsenwickler

Die Larven sind in den Früchten von Bohnen und Erbsen zu finden. Die erwachsenen Tiere fliegen in der Zeit von Mai bis Juni, so daß man sie durch eine besonders frühe oder späte Aussaat umgehen kann. Wirksam ist auch eine Mischkultur mit Tomaten.

Erdbeerblütenstecher

Sie treten nicht nur an Erdbeeren, sondern auch an Brombeeren, Himbeeren und Rosen auf. Wenn stärkerer Befall zu befürchten ist, kann im Frühjahr mit Farnkraut gemulcht werden. Ansonsten muß mit Rainfarntee oder -brühe gespritzt werden.

Erdflöhe

Diese kleinen Käfer werden nur auf trockenen Böden zum Problem. Sinnvoll ist daher ein gemulchter feuchter Boden und eine Mischkultur mit Salat und Spinat. Gefährdet sind vor allen Dingen Kohl, Kohlrabi, Radieschen und Rettiche. Sollte Mischkultur und Bodenfeuchtigkeit nicht ausreichen, so hilft sicherlich Rainfarn- oder Wermutbrühe, oder ein Bestäuben mit Gesteinsmehl oder Algenkalk.

Fadenwürmer

Die nur wenige Millimeter langen, sogenannten Älchen, leben im Boden und führen zu krankhaften Veränderungen an Wurzeln, in späteren Stadien auch an Stengeln und Blättern. Betroffen sind besonders Tomaten, Kartoffeln und Erdbeeren. Neben den üblichen Grundsätzen (möglichst große Vielfalt) helfen sehr wirksam Studentenblumen (Tagetes) sowie Ringelblumen, die mit den gefährdeten Pflanzen in Mischkultur gehalten werden sollten.

Säulchenrost

Eine Pilzkrankheit, die überwiegend an schwarzen Johannisbeeren und Stachelbeeren auftritt. Diese Pflanzen sollte man nicht in unmittelbarer Nähe von Kiefern pflanzen, da diese als Zwischenwirte dienen. Besser eignet sich Wermut, ein normalerweise recht aggressiver Nachbar. Im Notfall kann man zu Schachtelhalmtee und Wermutbrühe greifen.

Kartoffelkäfer

Gesunde Pflanzen werden nur selten befallen, der Bodengesundheit kommt daher eine Schlüsselrolle zu. Notfalls hilft Überstäuben mit Gesteinsmehl sowie Überspritzen mit Brennesselbrühe.

Kirschfruchtfliege

Frühtragende Sorten werden kaum befallen. Kranke, abgefallene Früchte müssen vernichtet werden. Spritzen mit Wermuttee verhindert die Eiablage.

Kohlfliege

Die Larven leben im Wurzelbereich, den sie weitgehend zerstören können. Die Eiablage erfolgt im unteren Stengelbereich. Die Kohlfliegen sind nur von Ende April bis Anfang Mai unterwegs. Falls in dieser Zeit eine Pflanzung vorgesehen ist, sollte sie noch etwas hinausgeschoben werden. Wirksam sind Mischkulturen mit Tomaten.

▶

Das Mauswiesel ist zwar ein echter Beutegreifer und verschont auch »nützliche« Tiere nicht. Dennoch gehören auch solche Tiere in den Naturgarten – z. B. um lästige Wühlmäuse zu bekämpfen.

Kohlhernie

Eine gefürchtete Pilzkrankheit, die vorwiegend im Wurzelbereich von Kohl, Radieschen und Rettichen auftritt. Abhilfe schafft eine Mischkultur sowie ein häufiger Platzwechsel. Zwiebeln und Lauch können als Vorkultur gepflanzt werden. Notfalls ist mit Schachtelhalmtee zu spritzen.

Kohlweißling

Sehr wirksam ist eine Mischkultur mit Tomaten, Spinat und Sellerie, um die Schmetterlinge von den Kohl- und Meerrettichpflanzen abzuhalten. Notfalls kann mit einer Abwehrbrühe aus Tomatenblättern sowie mit Wermuttee gespritzt werden. In einem Naturgarten sind Vögel und andere Tiere die wirksamste Hilfe.

Lauchmotte

Sie tritt an Lauch und Zwiebeln auf und kann wirksam durch eine Mischkultur mit Möhren und Sellerie verhindert werden.

Mehltau

Eine Pilzerkrankung, die oft durch falsches Gießen verursacht wird. Neben der Wahl mehltauresistenter Sorten, sollte man die gefährdeten Arten so pflanzen, daß sie nach Befeuchtung durch Sonne und Wind rasch wieder getrocknet werden können.

◄

Der Weißstorch auf dem Dach. Dies wird nur wenigen gelingen, denn dazu gehören auch noch intakte Feuchtgebiete in der Nähe – und wo gibt es die noch?

Möhrenfliege

Wirksam durch Mischkultur mit Zwiebeln, Lauch und Knoblauch zu verhindern.

Pilzkrankheiten

Sie entstehen in der Regel an geschwächten Pflanzen, die über keine ausreichenden Abwehrmechanismen verfügen. Eines der wirksamsten Mittel, um Pilzbefall entgegenzuwirken, ist daher eine intensive Pflege des Bodenlebens. Durch warmes, schwüles Wetter kann die Ausbreitung von Pilzkrankheiten erheblich gefördert werden. Gegen die meisten Arten kann man wirkungsvoll Schachtelhalm- oder Rainfarnbrühe einsetzen.

Schnecken

Sie sind in vielfältigen Naturgärten kein Problem. Eine Massenvermehrung der Schnecken würde dort automatisch ein verstärktes Auftreten ihrer natürlichen Feinde, wie Igel oder Kröten zur Folge haben.

Ein Mittel, das aktuelle Hilfe bringt, sind kleine, in die Erde eingegrabene Gefäße (z. B. Joghurtbecher), die mit Bier gefüllt werden. Die Schnecken sind derart begeistert von dem Gebräu, daß sie sich zu Tode saufen. Die Fallen müssen regelmäßig geleert und erneuert werden. Bei trockenem Wetter kann man auch Holzkohle um die gefährdeten Beete ausstreuen.

Spinnmilben

Sie besitzen zahlreiche, natürliche Feinde, die sich bei biologischer Bewirtschaftung des Gartens rasch erholen. Am besten werden die gefährdeten Pflanzen (Gurken, Erdbeeren, Bohnen, Kürbis etc.) in einer Mischkultur mit Knoblauch, Lauch oder Zwiebeln gehalten. Falls all dies versagen sollte, bleibt Brennessel-, Schachtelhalm-, Rainfarn- und Wermutbrühe.

Die Wühlmaus ist ein besonders unangenehmer Bewohner des Nutzgartens. Sie benagt die Wurzel und verirrt sich auch gern in Hügelbeete. Man sollte auf Gifte verzichten und auf die empfohlenen biologischen Mittel zurückgreifen.

Wühlmaus

Diese unersättlichen Nager, die an Pflanzenwurzeln erhebliche Schäden anrichten können, werden im Nutzgarten häufiger zum Problem. Ihre Gänge sind im Gegensatz zu denen des Maulwurfes in der Regel höher als breit, wechseln häufig die Richtung und sind frei von Pflanzenwurzeln. Eine Abwehr ist mit Pflanzenarten möglich, durch die die Wühlmäuse sich belästigt fühlen. Dazu gehören Wolfsmilch, Knoblauch, Hundszunge, Kaiserkronen und schwarze Johannisbeeren. In die Gänge kann man stark riechenden Knoblauch, Fischköpfe, Nußbaumblätter etc. legen. Auch schräg in den Boden eingegrabene Flaschen sollen helfen. Durch den Wind wird ein ständiger, dumpfer Pfeifton verursacht.

Zwiebelfliege

Sie ist zuverlässig durch eine Mischkultur mit Möhren zu verhindern. Da die erwachsenen Fliegen nur von Mitte April bis Mai aktiv sind, kann man einen Befall durch späte Aussaat weitgehend verhindern.

Schwarze Magie oder Biologie – wo die Wissenschaftler ratlos sind

Wenn man einer unterernährten Pflanze Dünger gibt, dann wächst sie. Ursache und Wirkung sind offensichtlich. Das ist nicht immer so!

Wenn man Gurken bei Neumond sät, dann sehen die Früchte völlig anders aus, als diejenigen, die bei

Vollmond gesät worden sind. Doch damit nicht genug. Die Position des Mondes am Himmel hat ebenfalls einen Einfluß auf die Entwicklung der Pflanzen im Garten. Biologische Gärtner besitzen sogar einen speziellen Aussaatkalender, dem sie den günstigsten Termin für die Aussaat der einzelnen Pflanzenarten entnehmen können. Diese ändern sich aufgrund der Wanderung der Gestirne von Jahr zu Jahr, so daß an dieser Stelle keine näheren Angaben sinnvoll sind. Unbestreitbar ist, daß dieses Phänomen existiert. Es ist jedoch völlig unklar, welche Kräfte auf den Garten einwirken.

Die Beispiele lassen sich beliebig vermehren. Man nehme eine Tropfen Regenwasser mit Bakterien und lege in einige Zentimeter Entfernung einen Tropfen Knoblauchsaft. Innerhalb der nächsten fünf bis zwanzig Minuten sterben die Bakterien, ohne daß ein vernünftiger Grund dafür gefunden worden wäre.

Die Viehbestände in der Bretagne werden in unregelmäßigen Abständen durch die Maul- und Klauenseuche dezimiert. Die Epidemien raffen Tausende von Tieren dahin, merkwürdigerweise bleiben regelmäßig all die Kühe verschont, die zusätzlich mit Rotalgen gefüttert werden. Die Gründe dafür liegen völlig im Dunkeln.

Auch Ameisen geben immer wieder Rätsel auf. Mit Hilfe von Wünschelruten kann man feststellen, daß sie ihre Nester praktisch immer auf dem Schnittpunkt zweier unterirdischer, strahlungsaktiver Zonen errichten. Warum sie das tun und wie sie das feststellen, wird wohl noch lange ein ungelöstes Rätsel bleiben.

Vieles im Bereich des biologischen Gartenbaues ist unbestreitbar wahr, jedoch mit den heutigen, naturwissenschaftlichen Kenntnissen nicht zu erklären. Daraus können ganz erhebliche Probleme entstehen. Ein großer Teil unseres Wissens über den biologischen Landbau entstammt nicht naturwissenschaftlicher Forschung, sondern jahrzehntelanger, persönlicher Erfahrung. Das birgt leider auch immer wieder den Fehler, daß man sich in irgendwelche gedanklichen Sackgassen verrennt, so daß Außenstehende leicht den Eindruck gewinnen, daß der biologische Landbau untrennbar mit einem gewissen Sektierertum verbunden ist.

Die Wirklichkeit sieht natürlich anders aus. Sicherlich wird es durch die oft mangelnde wissenschaftliche Grundlage an verschiedenen Stellen Fehleinschätzungen geben.

Die dicken, gesunden und wohlschmeckenden Früchte des Gartens sprechen jedoch eine eindeutige Sprache!

Die Umstellung – bis sich das Gleichgewicht einpendelt

Niemand wird erwarten können, daß ein jahrelang geschundener Lebensraum praktisch auf Knopfdruck anders funktioniert. Biologische Dinge müssen wachsen, dafür benötigt man Zeit, mindestens Monate, oft Jahre, manchmal Jahrzehnte.

Bei der Umstellung auf den biologischen Gartenbau dauert es meist einige Jahre, bis das gewünschte Gleichgewicht eintritt. Für die Übergangszeit hier einige Tips:

Veranlassen Sie eine Bodenuntersuchung!
Zunächst einmal sollten Sie sich darüber orientieren, was mit Ihrem Gartenboden eigentlich los ist. Es gibt überall Bodenuntersuchungsstellen, die Ihnen gegen einen relativ geringen Betrag genaue Auskunft geben, welche Pflanzennährstoffe in wel-

cher Häufigkeit im Boden vorliegen. Am einfachsten rufen Sie die zuständige Kreisstelle der Landwirtschaftskammer an, die Ihnen sicherlich Hinweise geben kann.

Legen Sie zunächst ein Hügelbeet an!

Es wird einige Zeit dauern, bis sich das Bodenleben überall im Garten regeneriert hat. Mit einem Hügelbeet verfügen Sie über eine akzeptable mehrjährige Zwischenlösung.
Stellen Sie einen Sammelbehälter für organische Abfälle auf!
Dies ist der erste Schritt zu einem eigenen Komposthaufen. Wenn genug Material vorhanden ist, können Sie den Komposthaufen anlegen.

Beginnen Sie mit der Flächenkompostierung!

Der noch unreife, etwa zwei Monate alte Kompost, wird auf der Gartenfläche verteilt, soweit Ihr Vorrat reicht. Dadurch wird das Bodenleben angeregt.

Beschaffen Sie sich weitere organische Abfälle!

Dies kann Stroh vom nächsten Bauern sein oder Laub- oder Grasabfälle von Ihren Nachbarn, die den Wert dieses kostenlosen Düngers nicht einzuschätzen wissen. Legen Sie damit weitere Komposthaufen an und setzen Sie die Flächenkompostierung fort, bis Sie überall das Bodenleben vermehrt haben. Dann können Sie direkt mit dem Mulchen beginnen.

Probieren Sie die Mischkultur!

Berücksichtigen Sie die positiven und negativen Nachbarschaften der Pflanzen. Machen Sie ruhig auch mal einige Experimente und setzen Sie irgendwo unverträgliche und gut verträgliche Arten zusammen, um den Unterschied im Wachstum kennenzulernen.
Der Weg zum biologischen Garten ist sicherlich auch mit mancher Enttäuschung gepflastert. Lassen Sie sich dadurch nicht entmutigen. Wenn Sie die Anleitungen in diesem Buch beachten, werden Sie bald feststellen, daß Ihr Garten nicht nur ein steriler Nährboden ist, sondern zum interessanten, vielfältigen Lebensraum wird.

Register